Petra Bartoli y Eckert

5-Minuten-

# SCHMUNZELGESCHICHTEN

für Senior*innen

# SAUER MACHT LUSTIG!

... und weitere humoristische Anekdoten zum Vorlesen, Lachen und Plaudern



Verlag an der Ruhr

# IMPRESSUM

**Titel**
*5-Minuten-Schmunzelgeschichten für Senior*innen*
**Sauer macht lustig!**
... und weitere humoristische Anekdoten zum Vorlesen, Lachen und Plaudern

**Autorin**
Petra Bartoli y Eckert

**Umschlag- und Motive im Innenteil**
Hintergrundmuster: © paladin1212 – stock.adobe.com
Zitrusfrüchte: © unpict – Shutterstock.com
Buch-Icon: © ksenvitaln – Shutterstock.com

**Fotos im Innenteil**
siehe Bildnachweis auf Seite 128

**Lektorat**
Corina Altmann

**Druck**
AZ Druck und Datentechnik GmbH, Kempten, DE

**Verlag an der Ruhr**
Mülheim an der Ruhr
www.verlagruhr.de


**ISBN 978-3-8346-4554-8**

# Inhaltsverzeichnis

4 **Vorwort**

6 **Über die Reihe**

7 Neue Stiefel für Sabine

15 Richard ist ein echter Rosenkavalier

22 Tante Dagmar hat den Durchblick

30 Herbert ist der Herr der Schlüssel

38 Natürlich kann Hanni mit dem Hammer umgehen!

45 Herr Ehrlich rettet die Erntekrone

53 Dietlinde hat einfach keinen grünen Daumen

60 Finger weg vom kalten Hund!

68 Maria bringt Manfred Manieren bei

76 Waldi ist ein Pantoffelheld

83 Sieglinde ist sich ganz sicher!

91 Die Lohntüte ist leer!

99 Sauer macht lustig!

106 Paula will doch pünktlich sein!

113 Elfriede und Anton sind wie Topf und Deckel

121 Wolfgang erlebt sein blaues Wunder

# VORWORT

**Liebe Vorlesende*, liebe Zuhörende,**

seit vielen Jahren schreibe ich nun Geschichten für Kinder und Erwachsene. Erzählungen, die Menschen – egal welchen Alters – zum Schmunzeln bringen, mag ich besonders gerne. Denn ein Lächeln oder gar ein herzliches Lachen sorgt für Leichtigkeit, lässt Sorgen vergessen und bringt uns auf andere Gedanken.

Ich selbst lache auch für mein Leben gerne. So manches Mal hat mein Humor mir schon geholfen, Streit zu schlichten, Dinge von einer anderen Seite zu betrachten oder einfach neuen Mut zu schöpfen. Das Schreiben der Schmunzelgeschichten für dieses Buch war also ein wahrer Segen für mich als Autorin: Ich durfte während meiner Arbeit ständig herzhaft lachen. Ich hoffe, dass die Geschichten in diesem Buch auch Sie zum Lachen bringen und Ihnen beim Lesen und Zuhören genauso viel Spaß machen wie mir beim Schreiben.

* Der Verlag an der Ruhr legt großen Wert auf eine geschlechtergerechte und inklusive Sprache. Daher nutzen wir das Gendersternchen, um sowohl männliche und weibliche als auch nichtbinäre Geschlechtsidentitäten einzuschließen. Alternativ verwenden wir neutrale Formulierungen. In den Geschichten in diesem Buch verzichten wir dennoch auf das Gendern. Dies ist eine Einzelfallentscheidung aus didaktischen Gründen und ist in keinem Fall ausschließend oder diskriminierend zu verstehen.

Einige Geschichten sind übrigens frei erfunden. Andere wiederum haben einen wahren Kern. Ich habe mir viele Erinnerungen von Senior*innen erzählen lassen. Und so manche Erlebnisse haben mich inspiriert. Daraus ist dann auch die eine oder andere neue Geschichte entstanden – die aber natürlich doch ganz anders ist als die Originalerzählung. Denn immerhin habe ich als Autorin die Freiheit, nach Herzenslust dazuzuerfinden und auszuschmücken.

Vielleicht erinnern Sie sich beim Lesen oder Zuhören auch an so manche Anekdoten aus Ihrem Leben. Ich wünsche Ihnen jedenfalls viele vergnügliche Momente – mit den eigenen Geschichten und mit den Geschichten aus diesem Buch.

*Herzlichst*
*Petra Bartoli y Eckert*

# ÜBER DIE REIHE

Mit den **„5-Minuten-Schmunzelgeschichten für Senior*innen“** ist gute Laune garantiert: Das bunte Potpourri an humoristischen Anekdoten lädt zum Vorlesen und fröhlichen Plaudern, zum gemeinsamen Spaßhaben und herzhaften Lachen ein und ermöglicht allen Senior*innen ein vergnügliches Vorleseerlebnis.

Die kurzen, pointierten Geschichten in großer Schrift knüpfen humorvoll an das frühere, vertraute Alltagsgeschehen an. Einfache, klare Formulierungen machen die Geschichten leicht zugänglich und wecken Erinnerungen an eigene lustige Erlebnisse, die ein Lächeln ins Gesicht zaubern.

Passend zu den Geschichten bekommen Sie **biografische Anschlussfragen** zum gemeinsamen Austausch an die Hand sowie **kleine Aktivierungsideen**, die zusätzlich für gute Stimmung sorgen – zum Anknüpfen und Vertiefen.

# NEUE STIEFEL FÜR SABINE

Wie ein kleines Kind drückt Sabine sich an der Schaufensterscheibe ihre Nase platt. Bei „Schuhe Willinger“ ist die Auswahl groß. Aber das meiste in der Auslage interessiert Sabine gar nicht. Seit drei Wochen schon macht sie bei jedem Gang in die Innenstadt einen kleinen Umweg. Denn sie muss sich diese wunderschönen Winterstiefel einfach wieder und wieder ansehen! Bisher hat das Preisschild neben den Stiefeln sie davon abgehalten, den Laden zu betreten. Doch heute strafft Sabine ihre Schultern, atmet tief durch und geht zur Ladentür. Ein leises Klingeln verrät ihr Eintreten. Sabine blickt sich unsicher um. In so einem teuren Geschäft kommt sie sich irgendwie fehl am Platz vor.

Eine Verkäuferin kommt auf Sabine zu.

„Kann ich behilflich sein?“

Sabine zögert. Dann antwortet sie ganz kühn: „Ich möchte gerne die braunen Lederstiefel aus dem Schaufenster probieren.“

Die Verkäuferin lächelt freundlich und mustert versiert Sabines Füße.

„Größe 38, wenn ich mich nicht täusche“, sagt sie.

Sabine nickt und die Verkäuferin verschwindet hinter dem Vorhang neben dem Kassentresen. Kurz darauf kommt sie mit einer Schuhschachtel wieder. Sabine setzt sich auf einen der Hocker. Fast ehrfürchtig nimmt sie die Stiefel entgegen. Beim Hineinschlüpfen lächelt Sabine selig. Sie zieht den Reißverschluss nach oben und steht auf. Wie wundervoll sich die Stiefel um ihre Waden schmiegen! Und wie hervorragend die Schuhe zu ihrem Wintermantel passen würden! Mit erhobenem Haupt geht Sabine ein paar Schritte. Die Stiefel scheinen wie für sie gemacht.

„Nehmen Sie die Stiefel? Soll ich sie einpacken?“, fragt die Verkäuferin geschäftstüchtig.

Sabine zuckt zusammen. Sie weiß, wie viel die Stiefel kosten. Und dass sie sich die nicht leisten kann. Zumindest noch nicht.

„Ich muss mir das noch überlegen“, sagt sie ausweichend.

Dann fällt ihr noch etwas ein.

„Wie viele Paare in meiner Größe haben Sie denn vorrätig?“

Das Lächeln der Verkäuferin erlischt.

„Moment“, sagt sie und klingt etwas ruppig.

Seufzend macht sie sich auf den Weg ins Lager.

Sabine schielt zur Ladentür. Sie würde am liebsten schnell verschwinden. Aber der Gedanke an die Stiefel lässt sie warten.

„Wir haben noch zwei Stück in der 38“, sagt die Verkäuferin einige Minuten später.

Sabine nickt dankbar und verlässt den Schuhladen.

Die Wochen darauf legt Sabine jeden übrigen Pfennig von ihrem Haushaltsgeld beiseite. Sie verkneift sich den Kinobesuch mit Annerose. Das spart 80 Pfennig. Und sie kocht öfter Kabeljau statt Hähnchen. Der Fisch ist einfach billiger. Irgendwann wird sie die 58 Mark schon beisammen haben, da ist sich Sabine sicher. In der Zwischenzeit gibt sie sich immer, wenn sie Zeit findet, ihren Tagträumen hin. Sie sieht sich mit den Stiefeln durch die Straßen laufen. Dabei spürt sie förmlich die bewundernden Blicke der anderen Frauen. Die Sparsamkeit und Träumereien seiner Frau fallen schließlich auch Sabines Mann Emil auf.

Eines Abends ist Sabines Schwiegermutter Thekla zu Besuch. Sabine setzt ihr und Emil Sprudel vor statt den gewohnten, viel zu teuren Weinbrand. Da platzt es aus Emil heraus: „Kannst du mir mal erklären, was mit dir los ist?"

Sabine zögert erst. Sie möchte vor ihrem Mann und der Schwiegermutter ja nicht als Verschwenderin dastehen. Schließlich fängt sie doch an, von den wunderbaren Stiefeln zu erzählen. Emil und Thekla schütteln erst die Köpfe. Dann müssen beide schmunzeln.

Kurz vor ihrem Geburtstag hat Sabine dann endlich das Geld für die Stiefel angespart. Sie ist ganz aufgeregt, als sie den Laden von „Schuhe Willinger" betritt. Diesmal steuert sie zielstrebig auf die Verkäuferin zu.

„Ich hätte gerne die braunen Lederstiefel, die in der Auslage stehen", sagt sie mit fester Stimme.

„In Größe 38, bitte", fügt sie schnell an.

Die Verkäuferin verschwindet hinter dem Vorhang ins Lager. Kurz darauf kommt sie mit leeren Händen zurück.

„Ich sehe mal nach, welche Größe die Schuhe im Schaufenster haben", murmelt sie.

Sabine wartet ungeduldig.

„Es tut mir sehr leid. Aber die Stiefel in Ihrer Größe sind bereits ausverkauft", informiert die Verkäuferin wenig später.

„Was? Das geht doch aber nicht!", ruft Sabine entsetzt aus.

Die Verkäuferin zuckt mit den Schultern.

Sabine merkt, wie ihr Tränen in die Augen steigen. Schnell hastet sie aus dem Laden.

Die nächsten Tage ist Sabine schlecht gelaunt. So lange hat sie nun auf die Stiefel gespart. Und jetzt sind sie ausverkauft! Emil versucht, seine Frau zu trösten, so gut er kann. Aber das ändert Sabines Laune kaum. Nicht einmal auf ihren Geburtstag freut sie sich. Am liebsten würde sie das Kaffeetrinken mit Emil, der Schwiegermutter und ihrer Freundin Annerose absagen.

„Jetzt hör aber auf! Dein Geburtstag wird gefeiert. Und damit basta!", sagt Emil schließlich.

Als am Nachmittag die Kaffeegäste zu Sabines Geburtstag eintreffen, ist der Tisch schon gedeckt. Sabine hat Marmorkuchen gebacken. Sogar ohne dabei ständig an die Stiefel zu denken.

„Alles Gute, meine Liebe!", gratulieren alle.

Als Geschenk will Sabines Freundin Annerose mit ihr ins Kino gehen. Weil sie doch das letzte Mal abgesagt hat. Und von Schwiegermutter Thekla bekommt Sabine ein großes Paket überreicht.

Sabine packt aus. Die Schwiegermutter sieht ihr dabei über die Schultern. Als das Papier abgewickelt ist, kommt ein Karton zum Vorschein. Nicht irgendeine Schachtel. Nein! Es ist ein Schuhkarton. Hastig hebt Sabine den Deckel ab.

„Die Stiefel!", ruft sie überrascht.

Sabine dreht sich zu ihrer Schwiegermutter um und fällt ihr um den Hals. Da fällt ihr Blick auf Emil. Der sieht plötzlich ganz missmutig aus.

„Da hatten Mutti und ich wohl die gleiche Idee", meint er und hält Sabine sein Päckchen hin.

„Du hast mir auch die Stiefel gekauft?", fragt Sabine ungläubig.

„Dann wart ihr beiden es, die mir die Stiefel sozusagen vor der Nase weggeschnappt haben?", fällt ihr ein.

Emil und Thekla sehen sich an. Dann ziehen beide ihre Augenbrauen nach oben.

Und da merkt Sabine, wie sehr sie sich über ihren Geburtstag freut. Und darüber, dass sie so einen lieben Mann und so eine aufmerksame Schwiegermutter hat. Plötzlich fällt ihr noch etwas ein: „Was mache ich denn jetzt mit zwei Paar Stiefeln?"

Glücklicherweise weiß Emil sofort Rat: „Du bringst jetzt ein Paar zurück. Und das Rückgeld legst du dann in die Haushaltskasse. Davon kaufst du als Erstes eine Flasche Weinbrand und schöne Koteletts. Ich kann Kabeljau nämlich schon nicht mehr sehen!"

Da prusten alle los.

## LASSEN SIE ERZÄHLEN

- *Hatten Sie schon einmal einen ganz besonderen Wunsch, auf den Sie lange gespart haben?*
- *Was haben Sie schon einmal Besonderes zum Geburtstag bekommen?*
- *Probieren Sie gerne Schuhe oder Kleidung an?*
- *Welche Schuhe oder Kleidung mögen Sie heute am liebsten?*
- *An welches besondere Kleidungsstück erinnern Sie sich gerne?*

## WAS SIE NOCH TUN KÖNNEN

Besorgen Sie sich einige Accessoires, wie Tücher, Schals, Hüte oder Kappen. Lassen Sie Ihre Zuhörer*innen die Stoffe und Materialien betasten. Dann dürfen die modischen Zubehöre probiert werden. Veranstalten Sie gemeinsam eine vergnügliche Mode- und Verkleidungsschau.

# Richard ist ein echter Rosenkavalier

In der Redaktion der Zeitung „Tagesfenster“ geht es wie jeden Tag hoch her. Die Reporter haben alle Hände voll zu tun, um die wichtigsten und interessantesten Nachrichten zusammenzutragen. Richard, der in der großen Halle nebenan die Druckmaschinen bedient, kommt selten hierhier. Doch heute hat er in der Redaktion etwas zu erledigen. Verstohlen sieht er sich um. Er hofft, dass ihn niemand bemerkt.

„Richard, was machst du denn hier?“, wird er angesprochen.

Erschrocken fährt er herum.

„Ach, Jakob, du bist das nur“, stößt er erleichtert aus.

Jakob sieht ihn an und droht zum Spaß mit dem erhobenen Zeigefinger.

„Was heißt hier: nur?“

Richard holt seine rechte Hand hinter dem Rücken hervor. Ein üppiger Strauß Rosen taucht vor Jakobs Gesicht auf.

„Das heißt, dass ich schon Angst hatte, Erika könnte die Überraschung zu früh entdecken“, meint Richard.

Jakob grinst.

„Womit hat die liebe Erika denn so schöne Blumen verdient? Hab ich da etwas versäumt?“, fragt er verschmitzt.

„Ich war gestern bei ihr zu Hause eingeladen. Es gab ‚Toast Hawaii‘. Und jetzt möchte ich mich bei ihr bedanken“, erklärt Richard und wird dabei ein bisschen rot.

Jakob grinst noch breiter.

„Aha. Bedanken also. Ich glaube ja eher: Du willst sie liebkosen, drum schenkst du ihr Rosen.“

Richard tritt verlegen von einem Fuß auf den anderen.

„Soll ich dir die Rosen abnehmen? Und eine Vase holen? Oder willst du die Blumen auf Erikas Schreibtisch streuen?“, fragt Jakob lachend nach.

Richard tippt sich an die Stirn. Aber dann drückt er Jakob die Rosen in die Hand.

„Stell sie auf den Schreibtisch“, sagt er.

Dann bedankt er sich für Jakobs Hilfe und huscht, von Erika unentdeckt, aus der Zeitungsredaktion.

Keine Viertelstunde später kommt Richard pfeifend in der Druckerei an. Zufrieden schlüpft er in seinen Arbeitsmantel. Eigentlich schade, dass Richard Erikas Gesicht nicht sehen kann, wenn sie die Rosen entdeckt. In dem Strauß steckt eine Karte. Darauf hat Richard eine Botschaft notiert: „Du schönste aller Blumen! Ich warte auf dich in der Mittagspause beim Tor.“

Ach, wenn doch schon Mittag wäre ... Richard macht sich an die Arbeit. Die Zeit zieht sich heute wie Fensterkitt. Alle zehn Minuten schaut Richard auf seine Armbanduhr. Als der Stundenzeiger sich endlich der zwölf nähert, beschleunigt sich Richards Herzschlag. Hastig schlüpft er aus seiner Arbeitskleidung. Er wirft einen letzten prüfenden Blick in den angelaufenen Spiegel, der neben der Hallentür hängt. Aus der hinteren Hosentasche holt er seinen Kamm und zieht einen akkuraten Scheitel.

„Erika, ich komme", murmelt er und eilt hinaus.

Schon von Weitem kann Richard die schöne, junge Frau sehen, die am Tor steht und ihm den Rücken zuwendet. Sie trägt einen beigefarbenen Mantel. Ihre Haare hat sie unter einem geblümten Kopftuch verborgen. So leise wie möglich schleicht sich Richard an. Als er direkt hinter ihr steht, schlingt er seine Arme um ihre Taille.

„Wie schön, dass du meiner Bitte gefolgt bist", haucht er in ihr Ohr.

Die Schöne stößt einen spitzen Schrei aus und dreht sich ruckartig um. Aber das ist doch …

„Gertrud?", keucht Richard und reißt die Augen auf.

„Wieso schickst du mir Rosen? Du Schuft! Dabei hast du bisher immer Erika schöne Augen gemacht. Du bist wohl hinter jedem Rock her!", fängt Gertrud an, zu schimpfen. Dann holt sie mit ihrer Handtasche aus und schlägt Richard mit voller Wucht gegen die Brust.

„Aber ich …“, versucht Richard, zu erklären.

Doch Gertrud lässt ihn gar nicht zu Wort kommen. Sie holt erneut mit ihrer Tasche aus. Ihre Augen sind schmal wie Schlitze und es sieht aus, als würden daraus Funken sprühen. Plötzlich nähern sich schnelle Schritte.

„Halt! Aufhören!“, ruft jemand.

Tatsächlich lässt Gertrud von Richard ab. Beide sehen in die Richtung, aus der die Stimme kommt. Es ist Jakob. Er läuft auf sie zu. Und er hat jemanden im Schlepptau.

„Das ist ein Missverständnis!“, presst Jakob atemlos hervor.

Hinter ihm steht Erika. Sie sieht verwirrt zwischen Gertrud und Richard hin und her.

„Kann mir mal bitte jemand erklären, was hier los ist?“, fragt sie in scharfem Ton.

Richard zuckt mit den Schultern. Dafür nickt Jakob.

„Das ist alles meine Schuld“, gibt er zerknirscht zu.

„Jetzt bin ich aber gespannt“, sagt Richard, stemmt seine Arme in die Seiten und schaut seinen Kollegen eindringlich an.

„Ihr beide habt doch eure Schreibtische getauscht. Gertrud und du“, meint Jakob und sieht zu Erika.

„Und da habe ich Richards Rosen aus Versehen auf Gertruds Tisch gestellt", sagt Jakob kleinlaut.

„Du hast was?", fährt Richard ihn an.

Da fängt Gertrud zu kichern an.

„Dann habe ich dich ganz zu Unrecht als Frauenheld beschimpft", lacht sie laut.

„Tut mir leid. Ich hoffe, die Attacke mit meiner Handtasche hat nicht allzu weh getan."

Richard reibt sich über die Brust.

„Ich glaube, wir sollten uns jetzt verabschieden", raunt Jakob Gertrud zu.

Einige Augenblicke später stehen sich Richard und Erika gegenüber.

„Du solltest mir das nächste Mal die Blumen persönlich geben", schmunzelt Erika.

„Damit es nicht noch einmal zu Verwechslungen kommt."

Richard nickt. Dann spürt er plötzlich Erikas Lippen auf seinen. Und da denkt er, dass das der beste Ausgang einer Verwechslung ist, den man sich nur wünschen kann.

## LASSEN SIE ERZÄHLEN

- *Welche Blumen mögen Sie gerne?*
- *Wem haben Sie schon einmal Blumen geschenkt oder von wem haben Sie Blumen bekommen?*
- *Welche Verwechslung haben Sie schon einmal erlebt?*

## WAS SIE NOCH TUN KÖNNEN

Besorgen Sie verschiedene, möglichst duftende Blumen. Lassen Sie alle Sorten von den Teilnehmenden benennen. Anschließend geben Sie die Blumen herum, damit jede*r daran riechen kann. Fragen Sie nach: Kennen Sie die Bedeutungen verschiedener Blumen?

- rote Rose: Liebe
- weiße Rose: Unschuld, Reinheit
- Vergissmeinnicht, Nelke: Treue
- Margerite: Glück
- Lilie: Hochachtung
- Anemone: Sinnlichkeit
- Sonnenblume: Freude

Anschließend darf sich jede*r eine Blume aussuchen und mitnehmen.

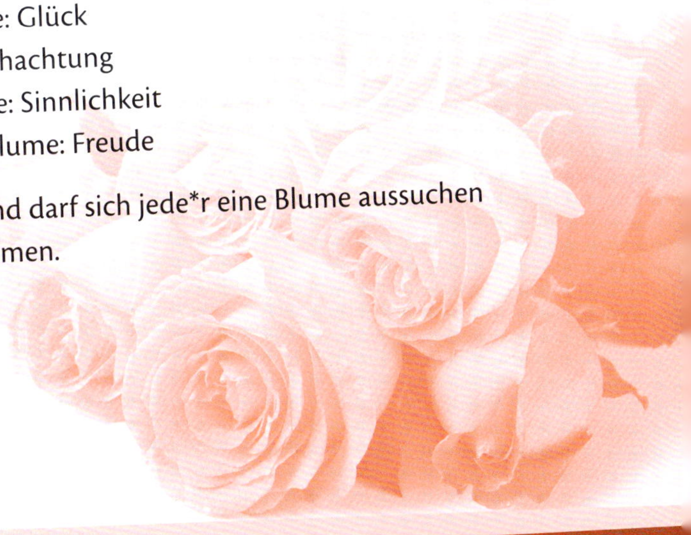

# TANTE DAGMAR HAT DEN DURCHBLICK

Dagmars Schwester Isolde hat vier Kinder: zwei Jungen und zwei Mädchen. Dagmar liebt ihre kleinen Nichten und Neffen wirklich sehr. Leider bekommt sie sie viel zu selten zu Gesicht. Denn Isolde wohnt mit ihrer Familie über 500 Kilometer von Dagmar entfernt auf dem Land.

Doch jetzt rückt ein Wiedersehen in greifbare Nähe. Denn nächste Woche sind Pfingstferien. Dagmar ist

Lehrerin. Deshalb hat sie zwei Wochen frei. Ihren Urlaub wird sie bei Isolde, ihrem Mann Karl und den Kindern verbringen. Sie kann es kaum erwarten.

Dagmar nimmt das Familienfoto ihrer Schwester von der Kommode und betrachtet es liebevoll. Isoldes Jüngster heißt Paule. Er ist gerade neun Monate alt. Lotti ist zweieinhalb und Mäxchen vier. Die Älteste ist Moni. Sie ist schon sechs.

„Was bring ich den Kindern nur mit?", überlegt Dagmar. Denn ohne Mitbringsel kann sie natürlich nicht ankommen. Dagmar legt ihre Stirn in Falten und grübelt. Der erste Einfall lässt glücklicherweise nicht lange auf sich warten.

„Baby Paule bekommt eine Rassel", beschließt Dagmar. „Und Lotti?"

Dagmar wirft erneut einen Blick auf das Foto. Das Mädchen hat dünnes Haar und blasse Wangen.

„Lotti bekommt eine Mütze", murmelt Dagmar.

Für Mäxchen wird sie Hosenträger besorgen. Denn auf dem Foto sieht man deutlich, dass der dünne Junge seine Hosen beinahe verliert. Und Moni bekommt einen Haarreif, mit dem sie ihre blonden Locken bändigen kann.

Dagmar lächelt zufrieden. Genau die richtigen Mitbringsel, findet sie.

Drei Stunden später ist Dagmar vom Einkaufen zurück und hat die Geschenke besorgt. Sie legt alles auf den Küchentisch. Jetzt müssen die Mitbringsel nur noch schön verpackt werden. Dagmar fällt ein, dass sie in der Abstellkammer noch einige leere Schachteln hat. Sogar vier identisch große. Sie holt die Kartons und bestückt jeden davon mit einem Geschenk. Dagmar hat zwar kein Geschenkpapier zu Hause. Aber beigefarbenes Packpapier tut es auch. Dafür bekommt jedes Päckchen noch eine schöne Schleife: Paules eine gelbe und Lottis eine grüne. Um Mäxchens Päckchen bindet Dagmar eine blaue Schleife und um Monis eine orangefarbene. Zufrieden betrachtet Dagmar die Pakete. Was werden sich die Kinder freuen!

Die Zeit vergeht wie im Flug und schon stehen die Ferien vor der Tür. Dagmar macht sich mit gepackten Koffern auf den Weg zum Bahnhof. Die Tasche mit den Geschenken für die Kinder hat sie sich über den Arm gehängt.

Während der Zugfahrt schaut Dagmar begeistert aus dem Abteilfenster. Sie liebt es, wenn die Landschaft an ihr vorbeizufliegen scheint. Als sie ihr Ziel erreicht hat und aus dem Zug steigt, wird sie schon von ihrem Schwager Karl erwartet.

„Wie schön, dass du uns besuchen kommst", begrüßt er sie und nimmt Dagmar den Koffer und die Tasche ab. Auch im Haus ihrer Schwester wird sie herzlich willkommen geheißen. Isolde, mit dem Baby auf dem Arm, fällt ihr um den Hals und die anderen Kinder umringen sie gackernd und lachend.

„Tante Dagmar, hast du uns etwas mitgebracht?", fragt Mäxchen gleich nach der Begrüßung.

„Aber Mäxchen, das gehört sich nicht", rügt Isolde ihren Sohn.

Dagmar lacht und zwinkert ihrer Schwester zu.

„Lasst mich erst mal reinkommen. Dann bekommt ihr alle ein Geschenk von mir", verspricht Dagmar den Kindern.

„Geht doch einfach in die gute Stube. Ich sehe in der Zwischenzeit nach Karl. Der wollte Kaffee machen. Ich sollte mal lieber ein Auge darauf werfen", meint Isolde.

Dagmar nickt, greift nach der Tasche mit den Geschenken und nimmt Isolde das Baby ab. Der kleine Paule lächelt die Tante sofort an. Die Kinder folgen Dagmar ins Wohnzimmer und lassen sich neben ihr auf dem Sofa nieder.

Als Dagmar die Päckchen aus ihrer Tasche holt, machen die Kinder große Augen. Sogar Paule brabbelt begeistert und deutet auf die bunten Schleifen.

„So, mit wem fangen wir an?“, fragt Dagmar ihre Nichten und Neffen und legt den Kopf schief.

„Wir zählen ab“, bestimmt Mäxchen.

Er deutet nacheinander auf sich und seine Geschwister und sagt: „Willst du etwas Neues wissen? Paule hat ins Bett geschissen!“

„Mäxchen!“, ruft Dagmar entrüstet.

„Das ist aber ein ungehöriger Abzählreim. Weißt du keinen schöneren?“

Mäxchen zuckt mit den Schultern. Da springt seine große Schwester ein.

„Ene, mene, Mühlenstein. Du darfst der Beginner sein“, zählt Moni ab und deutet auf Lotti. „Du darfst anfangen.“

Dagmar nickt zufrieden und will Lotti das Mitbringsel geben. Doch dann stutzt sie. Welches Päckchen war noch mal für welches Kind? Das mit der gelben Schleife war für Mäxchen! Oder doch für Moni? Dagmar ist sich plötzlich nicht mehr sicher.

„Ich muss einen Augenblick nachdenken, für wen welches Geschenk war“, gibt Dagmar zu.

„Mama sagt immer, du bist Lehrerin und deshalb hast du den Durchblick. Das stimmt doch, oder, Tante Dagmar?“, fragt Mäxchen neunmalklug.

Dagmar seufzt.

„Ja, das stimmt natürlich“, behauptet sie.

Also bekommt Lotti das Päckchen mit der gelben Schleife. Und Moni das mit der grünen. Mäxchen bekommt das Paket mit der orangefarbenen Schleife. Und das mit der blauen hält Dagmar Paule hin. Sofort fangen alle mit dem Auspacken an. Nur dem kleinen Paule muss Dagmar etwas zur Hand gehen.

Einige Augenblicke später ist es ganz still im Wohnzimmer.

„Was soll ich denn mit einem Haarreif?“, fragt Mäxchen und fährt sich durch die Stoppelfrisur. „Das ist was für Mädchen!“

„Die Mütze ist mir ja viel zu klein!“, ruft Moni enttäuscht.

„Und wieso hat Paule Hosenträger bekommen?“, will sie wissen.

„Der kann noch nicht mal laufen!“

„Und ich bin kein Baby mehr. Ich brauche keine Rassel!“, beschwert sich Lotti.

Da betritt Isolde den Raum.

„Na, hat euch Tante Dagmar etwas Schönes mitgebracht?“, fragt sie.

„Nein!“, rufen alle wie aus einem Mund. Isolde sieht ihre Schwester irritiert an.

„Leider hat Tante Dagmar doch keinen Durchblick“, meint Mäxchen.

„Das macht aber nichts. Wir tauschen einfach“, sagt Moni.

„Das musst du nicht verstehen“, erklärt Dagmar ihrer Schwester und seufzt.

„Und jetzt lass uns lieber Kaffee trinken.“

## LASSEN SIE ERZÄHLEN

- *Sind Sie ein Landmensch oder ein Stadtmensch?*
- *Wohnt Ihre Familie in der Nähe oder weiter weg?*
- *Wo haben Sie Ihre Urlaube verbracht?*
- *Haben Sie früher auch Mitbringsel zu Besuchen mitgenommen?*
- *Haben Sie schon einmal etwas Unpassendes verschenkt oder geschenkt bekommen?*
- *Sind Sie auch Tante oder Onkel? Was mögen Sie an Ihren Nichten oder Neffen gerne?*

## WAS SIE NOCH TUN KÖNNEN

Besorgen Sie kleine Geschenke, wie etwa schöne Karten oder etwas Süßes, in der Anzahl der Teilnehmenden. Überlegen Sie dann mit den Senior*innen gemeinsam, an welche Abzählreime sie sich erinnern. Dann wird in der Gruppe reihum nach den Reimen abgezählt. Der*die Teilnehmende, der*die am Ende übrig bleibt, darf sich das erste Geschenk aussuchen. Dann wird wieder abgezählt.

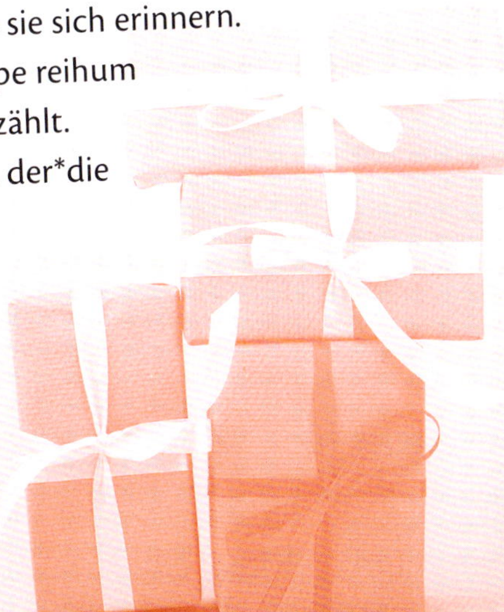

# HERBERT IST DER HERR DER SCHLÜSSEL

Herbert reibt sich zufrieden die Hände. Es ist alles organisiert: Um drei Uhr wird er seine Verlobte Antonia mit seinem nagelneuen VW Käfer abholen. Sie weiß noch nicht, wohin die Fahrt gehen wird. Nur dass sie eine Tasche für eine Übernachtung packen soll. Herbert wird sie in den Bayerischen Wald chauffieren. Dort hat sein Onkel Klaus ein Ferienhäuschen. In dem werden sie ein romantisches Wochenende verbringen.

Mit dem Finger fährt Herbert ein letztes Mal die Strecke auf der Straßenkarte ab. Neben dem Tisch steht der Picknickkorb bereit, in den er einige Leckereien für Abendessen und Frühstück gepackt hat. Herbert tastet die Innentasche seines Jacketts ab und murmelt: „Geldbeutel, Schlüssel, alles da! Es kann losgehen."

Eine Stunde später sitzt Antonia neben ihm im Auto und rutscht aufgeregt auf dem kunstlederbezogenen Beifahrersitz herum.

„Jetzt sag doch endlich, wo wir hinfahren", bittet sie Herbert nun schon zum dritten Mal.

Und wieder antwortet er mit einem Lächeln auf den Lippen: „Lass dich überraschen."

Die Fahrt dauert drei Stunden. Dann haben sie ihr Ziel erreicht. Herbert parkt den Käfer vor einem kleinen Häuschen.

„Herzlich willkommen in unserem kleinen, aber einen Paradies", sagt er und macht mit seiner Hand eine ausladende Bewegung.

Antonia öffnet die Beifahrertür und steigt aus. Mit einem tiefen Atemzug saugt sie die Luft ein.

„Ist das schön hier", sagt sie und lacht.

Herbert steigt ebenfalls aus und tritt neben sie. Er nimmt ihre Hand und sieht Antonia tief in die Augen.

„Das ist sozusagen unsere vorgezogene Hochzeitsreise. Gefällt es dir?“, fragt er.

Antonia nickt und drückt Herberts Hand.

Die beiden genießen den Ausblick auf die sanften Erhebungen des Mittelgebirges.

„Lass uns reingehen“, meint Herbert nach einer Weile.

Antonia holt ihre Tasche aus dem Auto und folgt ihrem Verlobten selig lächelnd. Herbert zieht seine Geldbörse aus dem Jackett und bittet Antonia, sie kurz zu halten. Dann greift er erneut in die Innentasche der Jacke.

„Wo steckt er denn?“, murmelt er.

Herbert zieht seine Hand aus der Tasche und klopft die Außenseite des Jacketts ab.

„Ist etwas?“, fragt Antonia.

„Ich kann den Schlüssel nicht finden. Dabei habe ich ihn ganz sicher heute Morgen eingesteckt“, meint Herbert. Er klingt dabei etwas ungeduldig.

„Vielleicht hast du ihn anderswo hingesteckt?“, schlägt Antonia vor.

Herbert reibt sich über die Stirn. Dann fasst er sich in die Außentaschen der Jacke und in die Hosentaschen.

„Nichts", presst er hervor.

„Und wenn er dir im Auto aus der Jacke gefallen ist?", überlegt Antonia.

Herbert glaubt nicht daran. Aber irgendwo muss der Schlüssel für das Ferienhäuschen schließlich sein. Also gehen Antonia und Herbert zum Käfer und fangen an, alles abzusuchen. Sie greifen in jede Ritze, heben die Fußmatten hoch und tasten alle Stellen ab. Der Schlüssel bleibt verschwunden.

„Was machen wir denn jetzt?", fragt Herbert und sieht seine Verlobte missmutig an.

Antonia legt ihm eine Hand auf den Arm.

„Wir lassen uns jetzt erst mal die Laune nicht verderben. Was hast du denn alles in deinen Picknickkorb gepackt?"

Herbert atmet tief durch. Dann greift er nach dem Korb und zieht Antonia mit sich. Neben dem Ferienhäuschen ist eine Wiese. Dort breitet Herbert eine Decke aus. Antonia nimmt Platz und wartet neugierig darauf, was Herbert alles aus dem Korb zaubert.

„Frikadellen. Senf. Essiggurken. Bauernbrot. Limonade“, kommentiert er alles, was er auf die Decke stellt.

„Wir könnten doch auch im Freien übernachten. Es ist warm genug. Und mit dem Blick in den Himmel ist das doch auch sehr romantisch“, schlägt Antonia vor, während sie die Leckereien begutachtet.

Herbert brummt ein paar unverständliche Worte. Sie klingen nach „Mücken“, „Ameisen“, „Morgentau“.

Antonia geht nicht weiter auf seine Bedenken ein. Stattdessen hält sie Herbert eine Frikadelle unter die Nase.

„Los, beiß ab“, fordert sie ihn lachend auf.

Herberts Laune bessert sich auch während des Essens nicht.

„So ein Mist. Die schöne Überraschung!“, meint er kauend.

Plötzlich fällt ihm etwas ein. Er schlüpft aus seinem Jackett und reicht es Antonia.

„Ich muss mal kurz was nachsehen“, sagt er und eilt zum Haus.

Antonia blickt ihm nach. Sie sieht, wie Herbert auf die Holzbank neben der Haustür steigt. Er streckt seine Hand hoch und beginnt, den Mauervorsprung über den Fenstern abzutasten. Währenddessen streicht Antonia gedankenverloren Herberts Jacke glatt. Plötzlich springt sie auf. Im gleichen Augenblick hüpft Herbert von der Bank. Wie aus einem Mund rufen Herbert und Antonia: „Ich hab ihn!"

Herbert kommt grinsend mit einem Schlüssel in der Hand zur Picknickdecke. Antonia hat zwischenzeitlich den verschollenen Schlüssel aus dem Futter des Jacketts gepult. Beide halten sie sich die gefundenen Schlüssel hin.

„Mir ist eingefallen, dass Onkel Klaus immer einen Ersatzschlüssel versteckt hat", sagt Herbert.

„Aber wo hast du denn den Schlüssel auf einmal her?", will er wissen.

Antonia lacht.

„Deine Innentasche hat ein Loch. Der Schlüssel ist ins Futter gerutscht. Deshalb konntest du ihn in der Tasche nicht mehr finden."

Herbert zieht Antonia an sich und wirbelt sie herum.

„Dann haben wir ja jetzt sogar zwei Hausschlüssel. Jetzt kann wirklich nichts mehr schiefgehen! Oder bereust du es schon, dass du meinen Antrag angenommen hast? Du wirst einen Chaoten zum Mann nehmen, das ist dir hoffentlich klar?", fragt er seine Verlobte lachend.

Antonia küsst Herbert auf die Nasenspitze.

„Ich liebe Chaoten. Also, vor allem dich", neckt sie ihn. „Aber irgendwie ist es fast schade, dass wir jetzt die Nacht drinnen verbringen werden statt romantisch unter dem Sternenhimmel", meint sie dann.

„Na, eigentlich hast du einen Finderlohn verdient", überlegt Herbert.

„Was hältst du davon: Ich bin damit einverstanden, dass wir Sterne schauen. Aber dann gehen wir zum Schlafen nach drinnen."

Antonia nickt und nimmt Herbert den anderen Schlüssel ab.

„Unter einer Bedingung: Die Schlüssel behalte beide ich. Nur damit keiner aus Versehen verschwindet."

Herbert pufft Antonia gespielt empört in die Seite. Dann fangen beide an, zu lachen.

## LASSEN SIE ERZÄHLEN

- *Haben Sie auch schon einmal Ihren Schlüssel verlegt oder verloren?*
- *Wie sind Sie dann ins Haus gekommen?*
- *Haben Sie schon einmal Urlaub in einem Ferienhäuschen gemacht?*
- *Haben Sie schon einmal draußen übernachtet?*

## WAS SIE NOCH TUN KÖNNEN

Besorgen Sie verschiedene Schlüssel, z. B. einen Wohnungsschlüssel, Zimmerschlüssel, Fahrradschlossschlüssel, antiken Schlüssel, Schließfachschlüssel usw. Geben Sie die Schlüssel zum Betasten durch. Lassen Sie die Teilnehmenden dann raten, wo welcher Schlüssel vermutlich passt.

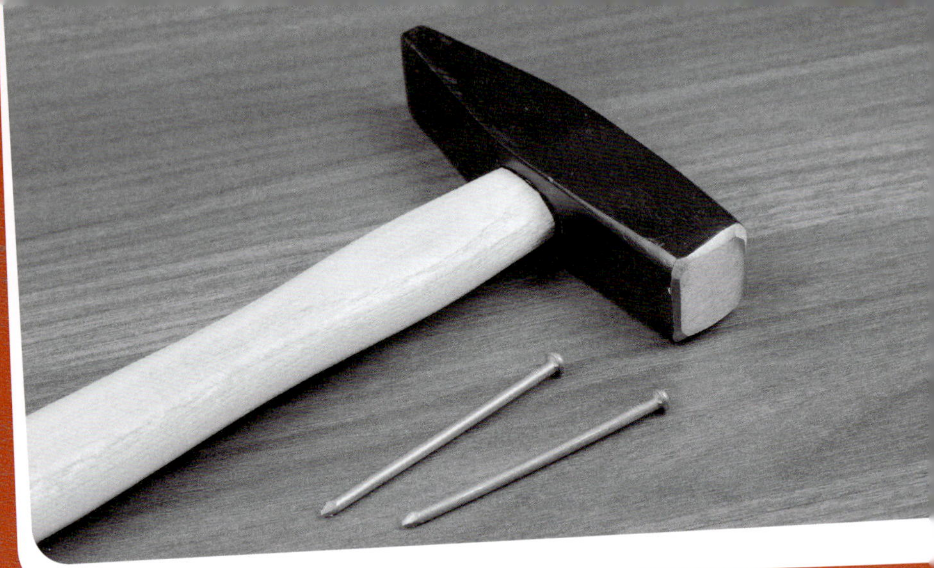

# NATÜRLICH KANN HANNI MIT DEM HAMMER UMGEHEN!

Ein Zuhause muss ordentlich und gemütlich sein! Das findet jedenfalls Hanni. Darum verwendet sie auch viel Zeit darauf, in der Wohnung alles schön zu machen. Ihr Mann Walter unterstützt sie dabei, wo er nur kann. Er trägt Kisten mit jahreszeitlicher Dekoration für sie aus dem Keller. Oder er holt die

Leiter aus der Garage, wenn Hanni die frisch gewaschenen Gardinen aufhängen will. Zur Belohnung bekommt Walter dann ein strahlendes Lächeln von seiner Frau. Oder sie kneift ihm liebevoll in die Wange.

Heute hat Hanni von ihrer Großtante, für die sie immer einige Besorgungen macht, ein wunderschönes Ölgemälde geschenkt bekommen: Eine Berglandschaft im Sonnenuntergang mit einem Hirsch im Vordergrund. Als Walter nach der Arbeit nach Hause kommt, erwartet Hanni ihn schon an der Tür. Sie zieht ihn mit sich ins Wohnzimmer und greift nach dem Ölbild. Hanni streift ihre Pantoffel ab und klettert mit dem Bild in den Händen auf das Sofa. Sie hält das Gemälde an die Wand und blickt sich über die Schulter.

„Schau nur, Walter. Das Bild passt hierher, als wäre es extra dafür gemacht“, meint sie begeistert.

„Kannst du es gleich aufhängen?“

Walter legt den Kopf schief und mustert die neue Wanddekoration.

„Na, wenn du meinst“, murmelt er.

„Aber hat das nicht Zeit bis morgen?“

Hanni klettert vom Sofa und stellt das Bild ab.

„Mein Bärchen, ich hätte es so gerne gleich dort hängen. Du machst das doch für mich, nicht wahr?", schmeichelt sie.

Walter lässt sich schnell überreden. Und holt den Werkzeugkasten aus der Garage.

„Also, an die Arbeit. Zur Belohnung gibt es Bratensülze zum Abendbrot", lockt Hanni ihren Mann.

Walter reibt sich den Bauch, der schon bedenklich knurrt. Er klappt den Werkzeugkasten auf und macht sich auf die Suche nach den passenden Nägeln. Die reicht er Hanni. Anschließend greift er nach Hammer und Wasserwaage.

„Das werden wir gleich haben", sagt er, nimmt Hanni die Nägel ab und klemmt sie sich zwischen die Lippen.

Hanni assistiert ihm, hält das Bild an die Wand und richtet es immer wieder nach seinen Anweisungen aus. Als es endlich gerade ist, markiert Walter die Stelle. Hanni lehnt das Bild an die Sofalehne und geht ein paar Schritte zurück. Plötzlich fährt Walter herum.

„Sag mal, willst du nicht mal selbst versuchen, einen Nagel in die Wand zu schlagen? Das ist gar nicht so schwer. Dann kannst du das nächste Mal auch alleine ein Bild aufhängen", schlägt er vor.

Hanni reißt die Augen auf. Ein guter Beobachter hätte sofort gemerkt, wie sehr ihr der Vorschlag missfällt.

„Das kannst du doch viel besser", lenkt sie ab.

„Woher willst du das denn wissen, wenn du es noch gar nicht versucht hast?", fragt Walter und hält seiner Frau den Hammer hin.

Hanni möchte ihren Mann nicht verärgern. Um des lieben Friedens willen gibt sie nach. Sie klettert zurück aufs Sofa und nimmt den Hammer.

„Einfach kräftig auf den Kopf hämmern", sagt Walter.

Als er Hannis entsetzten Blick sieht, ergänzt er schnell: „Also: Auf den Nagelkopf, meine ich natürlich."

Walter reicht Hanni einen Nagel. Hanni verdreht verstohlen die Augen. Dann presst sie den Nagel an die Wand und schlägt zu. Der erste Schlag trifft. Nur leider daneben. Etwas Putz rieselt von der Wand.

„Du musst genau auf den Nagel zielen", belehrt Walter seine Frau.

Hanni nickt. Sie schwingt erneut den Hammer. Diesmal trifft sie den Nagel. Allerdings seitlich. Jetzt ist er krumm und schief.

„Beim nächsten Mal werde ich mir noch den Daumen blau schlagen", jammert Hanni.

Da hat Walter Erbarmen mit ihr und nimmt seiner Frau das Werkzeug ab. In dem Moment klingelt es an der Wohnungstür.

„Ich geh schon", ruft Hanni.

Sie ist froh, einen Grund zu haben, das Wohnzimmer zu verlassen.

Ein paar Minuten später betritt Hanni mit Ingrid, der Nachbarin, das Wohnzimmer. Das Bild hängt bereits an Ort und Stelle. Walter räumt gerade das Werkzeug auf.

„Schau nur, wie schön", ruft Hanni begeistert.

Ingrid mustert das Gemälde ausgiebig. Dann lobt sie:

„Das passt wirklich gut in eure Stube!"

„Ja, und dank mir hängt es auch schon. Meine Frau kann nämlich leider nicht mit Werkzeug umgehen. Da muss ich als Mann ran", sagt Walter mit einer Mischung aus Verdruss und Stolz.

Hanni sagt nichts dazu. Stattdessen nimmt sie die Dose, die Ingrid in der Hand hält, und lotst sie aus dem Wohnzimmer.

„Ingrid, komm. Ich füll dir etwas Mehl ab."

Dann wendet sie sich noch schnell an ihren Mann: „Komm einfach in die Küche, wenn du fertig bist. Dann können wir essen."

Als die beiden Frauen im Flur stehen, sieht Ingrid Hanni prüfend an.

„Sag mal, kannst du wirklich keinen Nagel in die Wand schlagen, wie dein Mann behauptet?“, fragt sie flüsternd.

Hanni grinst.

„Ach, was! Natürlich kann ich das. Aber ich werde mich hüten, Walter das wissen zu lassen. Lieber stelle ich mich etwas dumm“, kichert sie.

„Und warum?“, will Ingrid erstaunt wissen.

„Was denkst du denn? Wenn Walter weiß, dass ich das kann, dann macht er es doch nicht mehr. Und immerhin bin ich schon für den Haushalt, fürs Einkaufen, die Wäsche und den Garten zuständig. Irgendetwas muss doch auch sein Aufgabenbereich bleiben. Am Ende wäre ich dafür auch noch zuständig“, wispert sie.

Ingrid nickt wissend.

„Da hast du auch wieder recht“, meint sie.

Dann gehen die beiden Frauen in die Küche.

## LASSEN SIE ERZÄHLEN

- *Mögen Sie Kunst? Welche Bilder oder Kunstwerke gefallen Ihnen besonders?*
- *Können Sie mit Werkzeug umgehen?*
- *Haben Sie schon einmal ein Bild aufgehängt, etwas repariert oder selbst gebaut?*
- *Haben Sie schon einmal geflunkert, um eine Aufgabe nicht machen zu müssen?*
- *Wie waren die Aufgaben bei Ihnen zu Hause verteilt?*

## WAS SIE NOCH TUN KÖNNEN

Bringen Sie einige Werkzeuge mit in die Gruppe, z. B. mehrere verschiedene Zangen, Schraubenzieher, Bohrer, und lassen Sie sie von den Teilnehmenden zunächst benennen. Im weiteren Verlauf nehmen die Senior*innen ein Werkzeug in die Hand und erklären oder vermuten, wozu es benutzt werden kann.

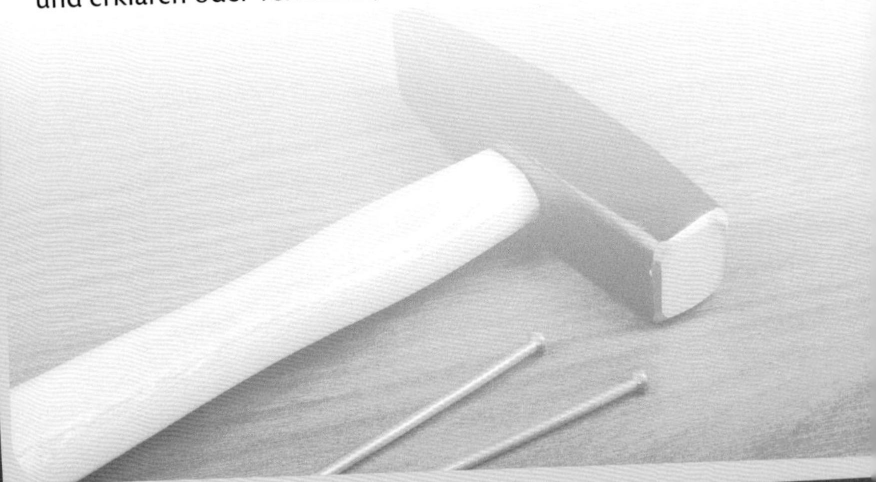

# HERR EHRLICH RETTET DIE ERNTEKRONE

Es ist früher Samstagmorgen. Eckehard Ehrlich steht im Schlafanzug in der Küche und sieht aus dem Fenster. Von hier aus hat er einen guten Blick auf den Nachbarhof. Dort stehen die Landfrauen und haben zu tun. Eckehard bläst in seine Kaffeetasse und nimmt schlürfend einen großen Schluck. Er geht ungern aus dem Haus, wenn er nicht muss. Als Uhrmacher kann er sich den ganzen Tag in seiner Werkstatt aufhalten.

Für den Weg dorthin muss er nicht einmal vor die Tür. Denn die Werkstatt ist im Erdgeschoss und Eckehard wohnt direkt darüber. Und weil er Junggeselle ist, hat er auch sonst keine Verpflichtungen. Im Dorf wird er nur „Ehrlich, der Eigenbrötler" genannt.

„Lieber ein Eigenbrötler als ein Wichtigtuer", findet Eckehard.

Die Leute gehen ihm aus dem Weg – und er ihnen. Auch der Pfarrer hat ihn schon lange nicht mehr in der Kirche gesehen. Aber all das ist Eckehard, im Grunde genommen, egal.

„Was werkeln die denn da?", überlegt Eckehard laut.

Im Hof des Nachbarn liegen bündelweise Ähren, Blumen, Bänder und allerlei Kram herum. Die Landfrauen rennen geschäftig umher. Es wird sortiert, gebunden und vor allem geschnattert. Das kann Eckehard zwar nicht hören, weil sein Fenster zu ist. Aber er sieht ja, in welchem Tempo sich die Münder bewegen.

Eckehard kneift die Augen zusammen, um besser sehen zu können, was im Nachbarhof vor sich geht. Plötzlich dreht sich eine der Landfrauen um und sieht genau zu seinem Fenster hoch. Sie hebt die Hand.

Das ist doch die Ursula von der Mühle! Winkt sie ihm zu? Schnell tritt Eckehard einen Schritt vom Fenster weg.

Nach einigen Minuten siegt seine Neugier. Eckehard kommt wieder näher heran und beobachtet erneut das Treiben im Nachbarhof. Und schließlich dämmert es ihm: Die Landfrauen binden die Erntekrone für den Gottesdienst morgen. Darauf hätte er auch früher kommen können. Mittlerweile ist das Untergerüst fertig. Die ersten Ähren finden ihren Platz.

„Die wird bestimmt etwas hermachen", brummt Eckehard.

Er ist wirklich beeindruckt vom Geschick der Landfrauen. Über eine Stunde beobachtet er das Stecken, Winden und Binden. Und glücklicherweise beachtet ihn keine der Landfrauen mehr. Eckehard hätte gelegentlich einen Tipp für die Frauen, wie sie etwas besser oder einfacher machen können. Immerhin ist er ein guter Uhrmacher, der sich mit feinen Handgriffen auskennt. Er ist selbst überrascht von dem Impuls. Aber er hat sich im Griff. Nie und nimmer wird er das Fenster öffnen und sich einmischen!

Als die Erntekrone fertig ist, nickt Eckehard anerkennend und prostet mit der Kaffeetasse vom Fenster aus in Richtung Hof.

„Eine echte Augenweide", sagt er.

Jetzt muss er sich aber endlich etwas Ordentliches anziehen. Eckehard stellt die mittlerweile leere Kaffeetasse auf den wachstuchgedeckten Esstisch. Doch da bemerkt er aus den Augenwinkeln, dass es im Nachbarhof hektisch wird. Eckehard tritt erneut ans Fenster. Es scheint ein Problem zu geben. Genau! Die Landfrauen versuchen, die fertige Erntekrone auf einen Leiterwagen zu heben. Aber dafür ist sie viel zu groß.

Jetzt deutet eine der Frauen auf den Traktor mit dem Anhänger. Die anderen schütteln die Köpfe und zucken mit den Schultern. Eckehard beobachtet nun, wie Ursula auf den Traktor steigt. Sie versucht, ihn zu starten. Aber irgendwie gelingt ihr das nicht. Gerade will Eckehard sich endgültig abwenden. Doch da sieht er, wie Ursula zu ihm hochschaut. Sie fixiert ihn richtiggehend! Eckehard erschrickt. Jetzt fängt Ursula auch noch an, kräftig zu winken und zu gestikulieren. Dabei lässt sie ihn nicht aus den Augen.

Sie meint Eckehard! Und sie will etwas von ihm. Daran besteht kein Zweifel.

Dann schellt es. Jemand steht vor Eckehards Tür. Das ist schon lange nicht mehr vorgekommen. Und es verwirrt Eckehard. Er wird es ignorieren, beschließt er. Doch dann klingelt es wieder und wieder. Und Ursula winkt und deutet im Nachbarhof immer noch zu ihm hoch. Eckehard merkt, wie er innerlich mit sich ringt. Und wie sein Widerstand weniger wird. Vielleicht liegt es an der schönen Erntekrone. Oder daran, dass Eckehard ja im Grunde seines Herzens durchaus hilfsbereit ist. Jedenfalls gibt er sich einen Ruck, geht zur Tür und öffnet.

„Bitte, Eckehard. Du musst uns helfen. Sonst ist niemand da und wir Landfrauen schaffen das einfach nicht alleine“, sprudelt es aus der Frau heraus, die vor Eckehards Tür steht. Wortlos schlüpft Eckehard in seine Gummistiefel und stapft hinter der Landfrau her. Im Nachbarhof angekommen, verliert er nicht viele Worte. Er packt einfach an. Mit seiner Hilfe ist die Erntekrone schnell auf dem Anhänger. Eckehard klettert auf den Trecker. Auch er braucht einige Versuche, um ihn zu starten. Doch dann springt der Traktor an und Eckehard tuckert los. Versiert schlägt er den Weg zur Kirche ein. Die Landfrauen folgen ihm zu Fuß. Es sieht aus wie eine ungewöhnliche Prozession, wie sie so durchs Dorf unterwegs sind.

Vor der Kirche bremst Eckehard. Während er und die Landfrauen die Krone abladen, kommt der Pfarrer aus der Kirche.

„Eckehard! So eine Überraschung. Schön, dich mal wieder zu sehen“, sagt er.

Und Eckehard ist überrascht, dass der Pastor dabei freundlich und kein bisschen vorwurfsvoll klingt. Als die Arbeit erledigt ist, bedankt sich jede der Landfrauen mit Handschlag bei Eckehard. Ursula meint sogar: „Du hast das Erntedank-Fest gerettet!“

Eckehard will gerade auf den Traktor steigen, um ihn zurückzufahren. Da stellt sich der Pfarrer vor ihn. „Komm doch morgen mal wieder in den Gottesdienst“, lädt er ihn ein. „Ich würde mich darüber freuen!“

Eckehard zögert kurz. Doch dann nickt er. Auch wenn er nicht gerne unter Leuten ist: Morgen wird er kommen. Immerhin würde es ohne ihn und seinen Einsatz gar keine Erntekrone in der Kirche geben.

Da tritt Ursula an seine Seite.

„Aber zieh dir dann bitte etwas anderes an", flüstert sie ihm zu.

Eckehard sieht an sich herunter. Er trägt tatsächlich noch seinen Pyjama! Aber das hat niemanden von den Landfrauen gestört. Eckehard grinst. Und Ursula grinst auch. Vielleicht sollte Eckehard doch öfter mal unter Leute. So schlimm ist das gar nicht, findet er und ist erstaunt über sich selbst.

## LASSEN SIE ERZÄHLEN

- *Welche christlichen Bräuche kennen Sie?*
- *Haben Sie früher Erntedank im Gottesdienst gefeiert?*
- *Was mögen Sie am Herbst besonders gerne?*
- *Haben Sie schon einmal jemandem aus der Patsche geholfen?*
- *Sind Sie schon einmal Traktor gefahren oder mitgefahren?*
- *Waren Sie früher auch bei den Landfrauen oder bei einem anderen Verein oder Verband?*

## WAS SIE NOCH TUN KÖNNEN

Besorgen Sie herbstliches Bastelmaterial, darunter auch einige Getreideähren verschiedener Sorten. Bestimmen Sie mit den Teilnehmenden zusammen die Getreidesorten und gestalten Sie aus dem Bastelmaterial z. B. einen kleinen Strauß als Tischschmuck.

# DIETLINDE HAT EINFACH KEINEN GRÜNEN DAUMEN

Dietlinde liebt Pflanzen. Sie mag es, im Frühling auf die Blumenbeete der Nachbarn zu blicken und den Duft von Rosen und Nelken zu riechen. Es gefällt ihr, wenn sie das Wohnzimmer ihrer Freundin betritt, in dem die Orchideen auf der Fensterbank üppig blühen. Sie genießt Spaziergänge im Park, wenn die Bäume im Frühling austreiben. Was sie allerdings nicht mag: Sie will sich nicht um Pflanzen kümmern. Nicht, dass ihr die Arbeit zu viel wäre. Aber sie hat schlicht und einfach keinen grünen Daumen! Deshalb gehen alle Pflanzen, die man ihr anvertraut, in kürzester Zeit jämmerlich ein.

Kürzlich hat ihr Sohnemann Jörg von seinem Taschengeld ein Alpenveilchen für sie gekauft. Natürlich hat Dietlinde sich darüber gefreut. Und sie hatte auch die besten Vorsätze. Aber nun steht das arme Pflänzchen verdorrt neben der Azalee, die alle Blätter fallen lässt. Dietlinde versucht, ihr Versagen so gut wie möglich zu vertuschen. Sie rückt alle Blumentöpfe, wenn möglich, so, dass nur die noch ansehnlichere Seite der Pflanze zu sehen ist.

„Was mache ich nur mit dir?", redet Dietlinde mit dem Bubikopf, den ihr Onkel Friedhelm bei seinem letzten Besuch überreicht hat. Dabei hat er augenzwinkernd gemeint: „Der passt zu deiner Frisur, Dietlinde."

Onkel Friedhelm ist ein Witzbold. Und das ist manchmal ganz schön anstrengend. Aber Dietlinde mag ihn trotzdem.

„Wenn der Onkel dich so sieht, werden ihm seine Witze gleich vergehen. Stattdessen wird er einen

Herzschlag bekommen“, seufzt sie und zupft eine Handvoll kleiner, brauner Blätter vom Bubikopf.

Für die Ostertage hat sich wie jedes Jahr Onkel Friedhelm angekündigt. Dietlinde wird heiß und kalt, wenn sie nur daran denkt. Dietlindes Mann Peter versucht, seine Frau zu beruhigen.

„Du machst den besten Apfelstrudel weit und breit. Da wird Friedhelm das Grünzeug gar nicht auffallen. Man muss ja auch nicht alles können“, sagt er.

Aber das beruhigt Dietlinde auch nicht.

„Der Onkel wird bestimmt wieder eine Topfpflanze anschleppen. Du kennst ihn doch. Er liebt Pflanzen. Was wird er bloß von mir denken?“, jammert Dietlinde.

Sie lässt die Schultern hängen und räumt das Fensterbrett leer. Die Pflanzen wird sie jetzt erst mal auf den Balkon stellen. Vielleicht tut ihnen die frische Luft gut. Außerdem sind sie dann außer Sichtweite.

Ein paar Tage später sehen die Pflanzen noch schlimmer aus als vorher. Das kann Dietlinde bei jedem Blick aus der Balkontür feststellen. Aber sie versucht, es zu ignorieren.

Gleich wird Onkel Friedhelm kommen. Dietlinde ist schon den ganzen Tag mit Kochen und Backen beschäftigt. So hat sie wenigstens nicht so viel Zeit, sich andauernd Sorgen um Friedhelms Urteil zu machen. Als es an der Tür klingelt, streift Dietlinde ihre Schürze ab. Sie ruft nach Peter und Jörg und öffnet die Tür.

„Meine Lieblingsnichte! Lass dich ansehen", ruft der Onkel in tiefem Bass.

„Komm rein", begrüßt ihn Dietlinde und hält die Wohnungstür auf.

Ihr Blick fällt auf das eingepackte Ungetüm, das Friedhelm reinschleppt. Es sieht aus wie eine in Papier eingeschlagene Zimmerpflanze. Sie wusste es! Dietlinde wird blass.

„Ich stell mein Geschenk mal gleich auf die Fensterbank ins Wohnzimmer", sagt Onkel Friedhelm, noch ehe er seinen Mantel abgelegt hat.

„Nein!", ruft Dietlinde erschrocken und baut sich vor der Wohnzimmertür auf.

Onkel Friedhelm schaut seine Nichte mit großen Augen an. „Wieso denn nicht?", brummt er ratlos.

„Weil ...", sucht Dietlinde fieberhaft nach einer Ausrede.

„Weil wir im Wohnzimmer gerade erst gelüftet haben. Da wird es deinem Gastgeschenk doch gleich viel zu kalt", springt Peter ein, als er auf den Onkel zukommt.

Dietlinde wirft ihrem Mann einen dankbaren Blick zu. Doch Onkel Friedhelm lässt sich nicht aus dem Konzept bringen.

„Das macht gar nichts. Jetzt lass mich doch mal durch, Dietlinde", fordert er hartnäckig.

Dietlinde ist den Tränen nahe. Sie schluckt schwer.

„Onkel Friedhelm, ich muss dir etwas sagen", beginnt sie stockend, ohne den Weg ins Wohnzimmer freizugeben.

„Der Bubikopf, den du mir das letzte Mal mitgebracht hast ...", fährt sie fort.

„... ist eingegangen. Das willst du mir doch sagen, oder?", führt Onkel Friedhelm den Satz zu Ende.

„Weißt du, Friedhelm ...", mischt sich nun wieder Peter ein.

Jetzt steht auch Sohnemann Jörg im Flur und verfolgt neugierig das Spektakel.

Onkel Friedhelm hebt die Hand und bringt Peter zum Schweigen.

„Ihr glaubt wohl, mir ist bei meinen letzten Besuchen nicht aufgefallen, wie armselig eure Topfpflanzen aussehen", schmunzelt er.

„Ich habe doch längst gemerkt, dass in diesem Haus keiner einen grünen Daumen hat. Ich dachte ja erst, das gibt sich mit der Zeit."

Er hält Dietlinde das eingepackte Geschenk hin.

„Jetzt mach schon auf", sagt er. Verblüfft reißt Dietlinde das Papier ab. Und zum Vorschein kommt …

„Eine Birkenfeige aus Plastik!", ruft Dietlinde.

Onkel Friedhelm nickt.

„Die kannst du gar nicht kaputt kriegen. Und sie ist herrlich pflegeleicht. Ein Staubtuch genügt!"

Dietlinde steht der Mund offen.

„Und jetzt lasst uns mal was essen", sagt Onkel Friedhelm.

„Es riecht hier wirklich einmalig. Ist das dein berühmter Apfelstrudel? Ich finde ja, dass du keinen grünen Daumen hast, ist nicht weiter schlimm. Man muss schließlich nicht alles können", sagt Friedhelm.

Dietlinde kann nicht anders. Sie fängt vor Erleichterung an zu weinen. Und dabei fällt sie Onkel Friedhelm um den Hals.

„Hab ich das nicht gleich gesagt?", murmelt Peter und geht schon mal voran in die Küche.

## LASSEN SIE ERZÄHLEN

- *Mögen Sie Pflanzen? Welche mögen Sie besonders?*
- *Haben Sie einen grünen Daumen?*
- *Welche Zimmerpflanzen aus der Geschichte kennen Sie?*
- *Welche Zimmerpflanzen haben Sie selbst?*

## WAS SIE NOCH TUN KÖNNEN

Ziehen Sie mit den Teilnehmenden Kresse. Dazu benötigen Sie eine Plastikschale und Watte zum Auslegen. Die Kressesamen werden auf die Watte gestreut und mit einem Zerstäuber regelmäßig mit Wasser besprüht. Nach ein bis drei Tagen keimt die Kresse. Nach ca. einer Woche kann sie mit einer Schere abgeschnitten werden. Kresse, aufs Butterbrot gestreut, schmeckt hervorragend!

# FINGER WEG VOM KALTEN HUND!

Samstag ist bei Familie Meiler Wasch- und Backtag. Das weiß Johann zu schätzen. Denn seine Erna ist eine gewissenhafte Hausfrau und sie macht die besten Kuchen weit und breit!

Johann arbeitet als Schlosser. Er muss am Vormittag in die Werkstatt. Aber er freut sich wie jeden Samstag auf das Zwölfuhrleuten der Kirchenglocke. Denn dann ist endlich Wochenende.

Und am Sonntag ist Familientag. Da bereitet Erna immer liebevoll eine Kaffeetafel vor. Es gibt frisch gemahlenen Bohnenkaffee für die Erwachsenen und Malzkaffee für die Kinder Willi und Anna. Und natürlich selbst gebackenen Kuchen. Wenn Johann nur daran denkt, kann er den Duft von Kaffee und Gebäck förmlich riechen.

Kaum ist Johann von der Arbeit zu Hause, betritt er auch gleich die Küche.

„Erna? Was hast du denn heute Leckeres gebacken?", fragt er.

Aber er bekommt keine Antwort. Die Küche ist leer. Johann sieht sich neugierig um. Da entdeckt er auf der Anrichte eine abgedeckte Kuchenplatte. Johann hebt die Haube hoch. Und sofort läuft ihm das Wasser im Mund zusammen.

„Ah, ‚Kalter Hund'. Mein Lieblingskuchen", schwärmt er.

Schnell wischt Johann sich die Hände an seiner Hose ab und bricht sich ein Stück von dem Gebäck aus Keksen und Schokolade ab. Genussvoll kaut er. Dann wandern seine Finger wie von selbst noch einmal zum Kuchen. Ein klitzekleines Stück kann er sicher noch naschen. Dann die Haube wieder über die Kuchenplatte. Schon ist nichts mehr zu sehen.

Johann kaut immer noch, als sein Sohn Willi die Küche betritt. Schnell schluckt er die letzten Krümel hinunter.

„Hallo, Papa!", grüßt Willi und greift nach der Limonadenflasche.

Gleich darauf kommt Erna mit einem Korb Wäsche dazu.

„Du bist ja schon da! Ich hab dich gar nicht kommen hören", sagt sie und stellt den Wäschekorb auf dem Küchenboden ab.

Johann nickt nur und wischt sich verstohlen die Finger mit den Resten Schokoladenglasur hinten an der Hose ab. Erna gibt ihrem Mann einen Kuss und geht zur Anrichte.

„Die Kuchenhaube ist ganz schief auf der Platte. Da war doch jemand am Kuchen …", murmelt sie.

Als Johanns Frau die Haube lupft, wird ihre Ahnung bestätigt.

„Der Kuchen ist für morgen! Da kommt Tante Renate. Ich habe doch ausdrücklich verboten, dass jemand vorher den Kuchen anrührt", ruft Erna empört.

Sie dreht sich um und sieht Willi streng an.

„Du Lausebengel! Ich hab dir doch schon tausend Mal gesagt …“, fängt sie zu schimpfen an.

Johann stellt sich hinter Erna und sucht den Blick seines Sohnes.

„Aber ich war das gar nicht, Mutti!“, widerspricht Willi.

Johann schüttelt leicht den Kopf und legt einen Finger an die Lippen. Verwirrt sieht Willi zwischen seiner Mutter und seinem Vater hin und her. Dann hat er verstanden, was los ist.

„Natürlich warst du das. Wer soll es denn sonst gewesen sein?“, fragt Erna.

„Jetzt muss ich einen neuen Kuchen machen. Den kann ich Tante Renate nicht vorsetzen“, seufzt sie.

„Zur Strafe putzt du alle Schuhe! Sofort!“, kommandiert Erna und deutet erst auf ihren Sohn, dann zur Küchentür. Jede weitere Diskussion ist sinnlos.

Willi wirft seinem Vater einen ärgerlichen Blick zu. Dann stapft er aus der Küche. Erna holt grummelnd Butter aus dem Kühlschrank, während Johann seinem Sohn in den Flur folgt.

„Du warst das!", sagt Willi auch gleich, nachdem Johann die Küchentür geschlossen hat.

„Ja, schon …", stammelt Vater Johann.

„Aber das müssen wir Mutti ja nicht unbedingt verraten, oder?", meint er und grinst seinen Sohn schief an.

Willi streckt Johann seine flache Hand hin.

„Das macht fünf Pfennig", sagt er und sieht seinen Vater fordernd an.

„Was?", fragt Johann verdutzt.

„Und das Schuhputzen übernimmst du auch für mich", meint Willi.

Johann schnaubt. Doch dann zieht er seine Geldbörse aus der Hosentasche und legt eine Münze in Willis Hand.

„Das ist Erpressung", murmelt er dabei.

„Nein, Schweigegeld", grinst Willi.

„Ich wusste gar nicht, dass Schuheputzen so anstrengend ist", jammert Johann leise vor sich hin.

Willi hat sich nach draußen verzogen. Aus der Küche hört Johann immer wieder ein Klappern. Erna ist mit Backen beschäftigt. Johann stöhnt, während er über das Leder von Ernas Halbschuh bürstet. Plötzlich ist es still in der Küche. Im gleichen Augenblick öffnet sich die Tür und Erna tritt in den Flur.

„Ich habe es mir anders überlegt. Warum soll ich einen neuen Kuchen backen. Das übernimmst ..."

Erna stutzt. Sie sieht Johann überrascht an.

„Was soll das denn? Wieso putzt du jetzt die Schuhe? Willi soll seine Strafe gefälligst selbst ausbaden", fährt sie ihren Mann ärgerlich an.

Da fällt ihr Blick auf Johanns Hose.

„Du hättest wenigstens eine Arbeitshose anziehen können. Schau nur, alles voller Schuhcreme", sagt sie und deutet auf den braunen Fleck auf der Hose.

Sie beugt sich vor, um das Malheur genauer unter die Lupe zu nehmen. Hastig versucht Johann, sich wegzudrehen. Aber zu spät!

„Das ist ja gar keine Schuhcreme. Das ist Schokolade!", erkennt Erna mit geschultem Auge.

„Du warst das also, der seine Finger nicht vom Kuchen lassen konnte", schlussfolgert sie.

„Und hast es einfach deinem Sohn in die Schuhe geschoben."

Ernas Stimme ist laut. Sie ist eindeutig stocksauer.

Johann sieht auf den kleinen Berg an Schuhen, die vor ihm auf dem Boden liegen.

„‚In die Schuhe schieben' kann man das nicht nennen", versucht er, zu scherzen.

Erna lässt sich nicht ablenken.

„Das ist ja auch wohl das Mindeste, dass du die Strafe für Willi erledigst", meint sie.

„Erna, ich habe doch nur am Kuchen genascht, weil deine Kuchen einfach so unwiderstehlich sind", versucht Johann, seine Frau zu besänftigen.

Er sieht, dass Erna sich ein Grinsen kaum verkneifen kann.

„Wir machen das so: Du hilfst mir beim Kuchenbacken. Dann putzt du die Schuhe ...", sagt Erna.

„Und dann machen wir uns einen schönen Kaffee. Und essen den kalten Hund dazu. Den brauchen wir ja dann für Tante Renate nicht", schlägt Johann vor und legt seinen Kopf schief.

„Das hast du dir ja schön ausgedacht", meint Erna. Dann fängt sie an, schallend zu lachen.

Johann atmet erleichtert auf.

„Finde ich auch", murmelt er.

„Und der Kuchen ist die ganze Mühe auf alle Fälle wert", meint er noch. Aber so leise, dass seine Frau es nicht hören kann.

## LASSEN SIE ERZÄHLEN

- *Welchen Kuchen mögen Sie besonders gerne?*
- *Können Sie Kuchen backen?*
- *Welches Rezept gelingt Ihnen besonders gut?*
- *Haben Sie schon einmal heimlich genascht?*

## WAS SIE NOCH TUN KÖNNEN

Veranstalten Sie ein kleines „Kaffeeritual": Besorgen Sie sich (koffeinfreie) Kaffeebohnen und eine Kaffeemühle. Dann werden die Bohnen frisch gemahlen. Geben Sie das Kaffeepulver herum, damit alle daran riechen können. Dann brühen Sie den Kaffee frisch auf – am besten mit heißem Wasser direkt in eine Kanne mit einem Filteraufsatz. Anschließend darf jede*r ein Tässchen genießen.

# MARIA BRINGT MANFRED MANIEREN BEI

Rita und Manfred sind schon seit einem Jahr ein Paar. Verheiratet sind sie noch nicht. Aber das soll nicht mehr lange so sein. Heute trifft sich das junge Paar bei Manfred zu Hause. Die beiden sitzen im Wohnzimmer und hören gemeinsam Schlager, die im Radio laufen. Vor ihnen steht ein Teller mit Salzbrezeln. Maria, Manfreds jüngere Schwester, betritt die gute Stube. Sie ist ein Backfisch von 16 Jahren und reichlich neugierig.

Maria nickt Rita zu und schaut dann sehnsüchtig auf das Knabberzeug.

„Ich darf doch“, sagt sie und greift zu, ohne eine Antwort abzuwarten.

Dann setzt sie sich neben ihren Bruder auf das Sofa.

„Ihr habt doch nichts dagegen, wenn ich auch mit zuhöre?“, fragt sie und schaut ganz unschuldig.

Manfred will etwas sagen. Aber Rita kommt ihm zuvor.

„Klar, bleib ruhig“, sagt sie und lächelt ihre zukünftige Schwägerin an.

„Na, kommst du mit meinem Bruder zurecht? Obwohl er so ein Flegel ist?“, fragt Maria nach kurzer Zeit.

Sie gibt Manfred einen Klaps auf die Schulter und grinst.

„Also, sag mal! Ich bin kein Flegel“, empört sich Manfred.

Er sieht, wie Maria Rita zuzwinkert.

„Du musst ihn einfach noch gut erziehen. Dann hältst du es schon mit ihm aus“, kichert seine Schwester.

Rita schmunzelt und legt Manfred beruhigend eine Hand auf den Arm.

Eine halbe Stunde später ist die Musiksendung zu Ende und Rita erhebt sich.

„Ich muss jetzt gehen", sagt sie.

Manfred nimmt noch eine Salzbrezel und schiebt sie sich in den Mund. Maria versetzt ihm mit dem Fuß unter dem Sofatisch einen Stoß.

„Willst du Rita nicht zur Tür begleiten?", raunt sie ihrem Bruder zu.

„Doch, natürlich", meint Manfred kauend und stemmt sich umständlich vom Sofa hoch.

Maria folgt den beiden zur Haustür. Rita nimmt gerade ihren Sommermantel vom Garderobenhaken. Maria mustert ihren Bruder. Der lehnt leger an der Wand und wirft seiner Rita verliebte Blicke zu.

„So hilf der Rita doch in den Mantel!", fährt Maria ihren Bruder an.

„Ich sag ja, ein Flegel, mein Bruder", murmelt sie.

Dann dreht sie sich um und geht kopfschüttelnd in die Küche.

Wenige Minuten später betritt auch Manfred die Küche.

„Sag mal, musstest du so dummes Zeug reden?", tadelt er seine Schwester.

„Pah, von wegen dummes Zeug!“, braust Maria auf.

„Du hast tatsächlich keine Manieren. An Ritas Stelle würde ich mir genau überlegen, ob du der Richtige für mich bist.“

Manfred schnappt nach Luft.

„Was soll das denn heißen?“, presst er hervor.

Maria mustert ihren Bruder von oben bis unten.

„Frauen wünschen sich einen Kavalier“, sagt sie und verschränkt ihre Arme vor der Brust.

Erst will Manfred dagegenreden. Doch dann überlegt er es sich anders. Vielleicht hat Maria ja ausnahmsweise Recht.

„Na gut, dann sag mir mal, wie ein Kavalier sich zu verhalten hat“, fordert er seine Schwester auf.

Bis zum nächsten Treffen mit Rita nutzt Maria jede Gelegenheit, um ihren großen Bruder über gutes Benehmen aufzuklären.

„Du musst Rita immer die Tür aufhalten“, schulmeistert Maria.

„Und ihr die Tasche abnehmen, wenn sie ihr zu schwer ist. Und ihr deine Jacke anbieten, wenn ihr kalt ist.“

Manfred sitzt neben seiner Schwester am Küchentisch und hat den Kopf in eine Hand gestützt.

„Das Wichtigste ist: Du musst aufmerksam sein", fährt Maria fort.

Manfred gähnt verstohlen. Maria greift nach der Zeitung, die auf dem Tisch liegt, rollt sie zusammen und klopft ihrem Bruder auf den Kopf. Der zuckt zusammen.

„Was?", fragt er erschrocken.

„Ich glaube, bei dir ist Hopfen und Malz verloren", meint Maria gespielt resigniert.

Dann hat sie eine Idee. Sie steht auf und holt Zettel und Bleistift aus der Küchenschublade.

„Los, schreib mit. Sonst wird das nichts."

Manfred seufzt. Dann nimmt er den Stift und beginnt, sich Notizen zu machen.

Zwei Tage später klingelt Manfred bei Rita. Sie sind zu einem Schaufensterbummel verabredet. Kaum öffnet Rita die Haustür einen Spalt, reißt Manfred sie schon mit seiner freien Hand ganz auf. In der anderen Hand hält er einen Zettel, auf den er hektisch einen Blick wirft.

„Hallo, schöne Frau. Ich halte dir gerne die Tür auf. Oder soll ich dir vorher noch in die Jacke helfen?", sprudelt es aus ihm heraus.

Rita sieht Manfred entsetzt an.

„Sag mal, bist du betrunken?“, fragt sie erschrocken.

„Was? Nein, natürlich nicht“, meint Manfred und hält Rita seinen Arm hin, damit sie sich einhängen kann.

Zögernd nimmt Rita das Angebot an. Die beiden spazieren los.

Auf ihrem Weg in die Innenstadt kann Rita nicht damit aufhören, Manfred skeptische Blicke zuzuwerfen. Manfred merkt das gar nicht. Er ist viel zu beschäftigt, immer wieder auf den Manieren-Spickzettel in seiner Hand zu schielen. Als sie bei den ersten Läden angekommen sind, bleibt Rita abrupt stehen. Sie zieht ihren Arm zurück und stellt sich Manfred in den Weg.

„Kannst du mir bitte mal verraten, was heute mit dir los ist?“, stellt sie ihn zur Rede.

Manfred braucht ein paar Anläufe, bis er Rita alles von der Benimm-Schulung seiner kleinen Schwester erklärt hat. Als er fertig ist, sieht er Rita unsicher an.

„Und, was sagst du jetzt dazu?“, will er wissen.

„Ich will meinen alten Manfred zurück. Den mit den scheinbar guten Manieren will ich nämlich nicht“, sagt sie.

„Nicht?“, fragt Manfred.

„Dabei hat Maria doch gesagt, dass jede Frau einen Kavalier mit gutem Benehmen möchte.“

„Deine kleine Schwester ist ein ganz schönes Früchtchen. Die hat doch selber keine Manieren. Und mit dir hat sie sich einfach einen Spaß erlaubt“, kichert Rita.

„Na, die kann was erleben!“, entrüstet sich Manfred.

„Ach, lass sie doch“, versucht Rita, ihn zu beruhigen.

„Können wir jetzt weitergehen?“, fragt sie dann.

Manfred nickt, hält dann aber in seiner Bewegung inne. Genau vor ihnen ist eine Buchhandlung.

„Moment“, sagt Manfred.

Er lässt Rita stehen und eilt in den Laden. Wenige Augenblicke später kommt er mit einer Tüte in der Hand wieder zurück.

„Was hast du denn da?“, will Rita wissen.

„Ein Benimmbuch. Für meine kleine Schwester. Damit sie endlich mal gute Manieren lernt“, meint Manfred und grinst.

Jetzt können die beiden in aller Ruhe ihren Stadtbummel fortsetzen. Ganz manierlich. Und ohne besondere Benimmregeln.

## LASSEN SIE ERZÄHLEN

- *Was hören Sie gerne im Radio?*
- *Mögen Sie Stadtbummel?*
- *Legen Sie Wert auf gute Manieren?*
- *Welche Benimm-Regeln kennen Sie?*

## WAS SIE NOCH TUN KÖNNEN

Sammeln Sie Sprichwörter und Weisheiten zum Thema „Manieren, Benehmen und Verhalten“. Wenn den Teilnehmenden keine Beispiele (mehr) einfallen, lassen Sie sie z. B. diese hier vervollständigen:

≈ Pünktlichkeit ist die Höflichkeit … der Könige.
≈ Bescheidenheit ist eine … Zier. (Doch weiter kommt man ohne ihr.)
≈ Spare in der Zeit, so … hast du in der Not.
≈ Wer rastet, … der rostet.

# WALDI IST EIN PANTOFFELHELD

In der Mittagspause treffen sich die Arbeiter der Schuhfabrik immer in der Kantine. Da ist die Stimmung meistens gut. Es wird nicht nur gegessen, sondern geplaudert, gelacht und manchmal auch geprahlt. Heute ist Gerhard derjenige, der vor den anderen mächtig angibt.

„Ach, hört doch auf, zu erzählen, was eure Kinder alles können. Ich habe zu Hause einen Dackel. Er heißt

Waldi. Und er ist das schlaueste Tier, das ich kenne", ruft er in die Runde.

„Wenn du es schlau findest, dass dein Hund sein Bein hebt, wenn er pinkelt, dann ist das doch nichts Besonderes", lacht Heiner, sein Kollege.

„Von wegen!", kontert Gerhard.

„Mein Hund kann Sachen, das kannst du dir nicht vorstellen."

„Was kann er denn, was so toll ist?", will Alois wissen.

„Er bringt mir jeden Abend auf Kommando meine Pantoffeln, die Tageszeitung und mein Kissen. Das habe ich ihm nämlich beigebracht", sagt Gerhard und schiebt sein Kinn nach vorne.

„Na, wer's glaubt", murmelt Heiner.

Wie immer ist die Mittagspause viel zu schnell zu Ende. Alois klatscht in die Hände.

„Ich würde dir ja noch stundenlang zuhören, Gerhard. Aber leider müssen wir wieder an die Arbeit. Du kannst uns deine Hundemärchen gerne morgen weitererzählen", meint er und grinst.

Die Männer stehen alle auf und machen sich auf den Weg zur Fabrikhalle. Gerhard ist der letzte, der sich dem Gänsemarsch anschließt.

„Das sind keine Märchen!", sagt er.

„Kommt doch einfach heute Abend auf ein Bier vorbei. Dann kann ich euch beweisen, dass ich euch die Wahrheit erzählt habe", schlägt Gerhard vor.

Alois und Heiner drehen sich um. Dann zucken sie gleichzeitig mit den Schultern.

„Warum nicht? Dann gehen wir heute nach Feierabend gleich mit dir mit", willigt Heiner ein.

„Da wirst du dich schön blamieren", meint Alois und lacht. „Aber jetzt los, sonst kommen wir noch zu spät und es gibt Ärger mit dem Vorarbeiter."

Um fünf nach sechs verlässt Gerhard mit Alois und Heiner im Schlepptau die Firma.

„Hier entlang", meint Gerhard und schlägt den Weg in die Lilienstraße ein.

„Jetzt werdet ihr gleich sehen, was für ein schlauer Hund mein Waldi ist."

Heiner und Alois feixen die ganze Zeit, während sie hinter Gerhard hergehen. Kurz darauf sperrt Gerhard seine Haustür auf und bittet seine Kollegen herein.

„Anita, ich bin's", ruft er in den Flur.

„Ich hab Alois und Heiner mitgebracht. Wir trinken noch ein Bier."

„Alles klar. Ich bin im Keller“, ertönt die Stimme von Gerhards Frau.

Die drei Männer stapfen in die Küche. Kaum ist Gerhard über die Schwelle getreten, springt sein Dackel Waldi auch schon aus seinem Körbchen neben der Eckbank. Er flitzt zu Gerhard, wedelt mit dem Schwanz und springt an Gerhards Bein hoch.

„Na, mein Waldi? Hast du mich vermisst?“, begrüßt der Hausherr den kleinen Kläffer und tätschelt ihm den Kopf.

„Setzt euch schon mal. Ich hol uns schnell ein Bier. Dann kann es losgehen“, sagt Gerhard.

Er schiebt Waldi leicht beiseite und holt drei Flaschen aus dem Kühlschrank.

Nachdem Gerhard bei seinen beiden Kollegen am Tisch Platz genommen hat, kann die Demonstration losgehen.

„So, Waldi, jetzt zeigen wir den beiden mal, was du alles kannst“, sagt Gerhard und beugt sich zu seinem Dackel.

Alois und Heiner recken ihre Köpfe.

„Fangen wir mit den Pantoffeln an“, fährt Gerhard fort und nickt seinen Kollegen stolz zu. Dann wendet er sich wieder an den Hund. Er sieht ihn konzentriert an und hebt den Zeigefinger. Der Dackel steht ganz still und spitzt die Ohren.

„Hol die Pantoffel vom Herrchen. Los!", sagt Gerhard klar und verständlich.

Dann winkt er mit der Hand in Richtung Tür. Sofort sprintet Waldi los.

„Also, ich muss schon sagen …", fängt Heiner an, zu sprechen.

Aber Gerhard unterbricht ihn.

„Wart doch erst mal ab. Gleich hast du wirklich einen Grund zum Staunen."

Mucksmäuschenstill warten die Männer. Es vergehen drei Minuten, bis das Getrippel von Hundepfoten auf dem Flur wieder zu hören ist.

„Das hat aber heute lange gedauert", murmelt Gerhard.

Dann schiebt Waldi sich in die Küche. In seinem Maul hat er tatsächlich ein Paar Schuhe. Die stellt er vor Gerhard ab und wedelt mit dem Schwanz.

Alois und Heiner stehen auf und begutachten die Ausbeute.

„Aber das sind ja gar nicht …", murmelt Gerhard.

„Meine Pantoffeln!", ertönt ein Schrei.

Auf Strümpfen stürmt Gerhards Frau Anita in die Küche.

„Dieser Gauner hat sich einfach meine Schuhe geschnappt, während ich auf dem Stuhl stand, um die Kisten auf den Schrank zu stellen", sagt sie entsetzt.

Sie schlüpft in die Pantoffeln, die vor Gerhard auf dem Boden stehen. Sie sind rosarot und mit roten Wollpuscheln verziert.

Alois und Heiner grinsen.

„Aber Waldi sollte mir doch meine Pantoffel bringen", meint Gerhard kleinlaut.

„Das hat sonst immer geklappt."

„Deine Pantoffeln sind in der Waschküche", sagt Anita.

„Damit bist du wohl heute Morgen beim Zeitungholen in irgendein du wohl getreten. Jetzt stinken sie ganz furchtbar und müssen dringend gewaschen werden."

Heiner prustet los: „Ja, die stinkenden Pantoffeln hätte ich an Waldis Stelle auch nicht geholt. Du hast wirklich einen sehr schlauen Hund!"

Dann hebt er seine Bierflasche. Lachend stoßen Alois und Heiner an.

## LASSEN SIE ERZÄHLEN

- *Wo haben Sie früher gearbeitet?*
- *Wo und mit wem haben Sie Ihre Mittagspause verbracht?*
- *Wie war Ihr Verhältnis zu den Kolleginnen und Kollegen an Ihrer Arbeitsstelle?*
- *Mögen Sie Hunde?*
- *Hatten Sie früher auch ein Haustier?*
- *Haben Sie einem Tier schon einmal Kunststücke beigebracht?*

## WAS SIE NOCH TUN KÖNNEN

Suchen Sie Abbildungen von Hunden verschiedener Rassen aus dem Internet heraus und kleben Sie zwei identische Abbildungen auf je zwei Karten. Zeigen Sie den Mitspielenden die Fotos und bestimmen Sie gemeinsam die Rasse. Legen Sie die Karten dann verdeckt auf den Tisch und spielen Sie ein Memospiel, bei dem immer zwei Karten aufgedeckt und die Paare gesucht werden.

# SIEGLINDE IST SICH GANZ SICHER!

Der Film ist zu Ende. Im Kino geht das Licht an. Sieglinde und Angelika sehen sich an und lächeln.

„So ein toller Film“, schwärmt Sieglinde.

Angelika nickt und seufzt. Während die beiden den Kinosaal verlassen, summen sie kichernd die Melodien aus dem Film.

„Wollen wir morgen ein Eis essen gehen?“, schlägt Angelika vor.

Die beiden Freundinnen verabreden sich für den Sonntagnachmittag. Dann verabschieden sie sich. Auf dem Nachhauseweg geht Sieglinde noch einmal alle Szenen aus dem Film durch. Und sie stellt sich vor, selbst darin mitzuspielen. Ach, wie herrlich ist es, so vor sich hinzuträumen!

Tags darauf flanieren Sieglinde und Angelika wie verabredet am Flussufer entlang zur Eisdiele. Immer noch ist der Film Thema. Aber auch der neueste Klatsch und Tratsch aus ihrem Viertel. Die beiden kichern und albern herum. Die Sonne scheint und viele Leute haben die gleiche Idee wie die zwei Freundinnen. Gut gelaunte Fußgänger und Radfahrer kreuzen ihren Weg oder überholen die beiden. Plötzlich wird Sieglinde angesprochen.

„Hallo, schönes Fräulein! Herrliches Wetter, nicht wahr?“, ruft ein Mann, der mit ausholenden Schritten an ihnen vorbeigeht.

Sieglinde blickt auf. Der Mann dreht sich kurz zu ihr um und winkt. Dann eilt er weiter. Wer war das denn? Sieglinde kennt den feschen, jungen Mann. Da ist sie sich sicher. Aber sie kommt einfach nicht drauf, woher.

„Na, hat da jemand ein Auge auf dich geworfen?", feixt Angelika.

Sieglinde zuckt ratlos mit den Schultern.

Doch dann bleibt Sieglinde abrupt stehen. Sie packt Angelika am Arm.

„Ich glaube, den kenn ich", flüstert sie jetzt ganz aufgeregt.

„Klar. Er dich anscheinend auch. Er hat dich immerhin gegrüßt", sagt Angelika knapp.

Sieglinde schüttelt ungeduldig den Kopf.

„Nein, ich glaube, ich kenne ihn nicht persönlich, sondern aus dem Kino", sagt sie aufgeregt.

„Du meinst, der hat den Film gestern auch gesehen?", fragt Angelika.

Sieglinde wedelt ungeduldig mit der Hand.

„Das war doch der Schauspieler! Der, der im Film am Ende um die Hand der jungen Frau angehalten hat", ruft sie.

Angelika reckt ihren Kopf. Der Mann ist beinahe schon in der Ferne verschwunden. Angelika kneift die Augen zusammen.

„Glaubst du wirklich?“, fragt sie nach einer Weile.

Sieglinde nickt heftig.

„Na, ich weiß nicht. Was will der denn hier bei uns in der Kleinstadt?“, gibt Angelika zu bedenken.

„Auch Schauspieler sind irgendwo zu Hause. Vielleicht wohnt er hier. Oder er besucht jemanden“, überlegt Sieglinde.

Ihre Freundin ist davon aber nicht überzeugt.

„Und da grüßt so ein berühmter Mann ausgerechnet dich?“, fragt sie.

Sieglinde wirft ihrer Freundin einen gekränkten Blick zu.

„Meinst du etwa, dass er mich mit ‚schönes Fräulein‘ nicht gemeint haben kann, oder was?“, zischt sie.

Angelika rollt mit den Augen.

„So ein Blödsinn. So hab ich das doch gar nicht gemeint. Aber eigenartig wäre das schon. Das musst du zugeben“, sagt sie beschwichtigend.

Sieglinde nickt zögernd. Dann gehen die beiden weiter zur Eisdiele.

Selbst als Sieglinde an ihrem Schokoladeneis leckt, ist sie nicht bei der Sache. Sie muss ständig an den Schauspieler denken. Mittlerweile ist sie sich ganz sicher: Das kann nur er gewesen sein! Angelika hat längst das Thema gewechselt. Sie erzählt von den Kunden aus dem Laden, in dem sie arbeitet. Sieglinde hört ihrer Freundin nur mit halbem Ohr zu. Als Angelika noch einen Spaziergang vorschlägt, lehnt Sieglinde ab. Sie will jetzt lieber nach Hause. Sie muss nachdenken. Und ein bisschen vor sich hinträumen.

Auch am Montag kreisen Sieglindes Gedanken immer noch um den Filmstar. Bei ihrer Arbeit im Büro ist sie deshalb nicht richtig bei der Sache. Sie vertippt sich ständig und macht immer wieder kleine Fehler. Ihre Kollegin, die den Schreibtisch gegenüber hat, wirft ihr strenge Blicke zu.

Als endlich Feierabend ist, packt Sieglinde schnell ihre Sachen zusammen. Sie muss noch in die Drogerie zwei Straßen weiter. Sieglinde will sich einen neuen Lippenstift leisten. Wer weiß, vielleicht läuft ihr der Schauspieler heute wieder über den Weg. Sieglinde will darauf vorbereitet sein. Sie muss sich beeilen. Der Laden schließt bald.

Sieglinde eilt aus dem Büro und überquert die Straße.

Fünf Minuten später betritt sie die „Drogerie Barth“. Die Türglocke bimmelt. Der Drogist steht mit dem Rücken zur Tür an einem der Regale. Er räumt Schachteln ein. Sieglinde geht direkt zum Regal mit den Lippenstiften. Sie sieht sich um. Welchen soll sie nur nehmen?

„Kann ich Ihnen behilflich sein?“, fragt eine Stimme hinter ihr.

Sieglinde merkt, dass sie eine Gänsehaut bekommt. Diese Stimme! Die kennt sie. Das ist doch …

Sieglinde dreht sich wie in Zeitlupe um.

Hinter ihr steht ein Mann in weißem Kittel.

„Wir haben uns ja erst gestern gesehen“, sagt er freundlich.

Sieglinde merkt, wie sie knallrot anläuft. Er ist es! Nein, er ist kein Schauspieler. Er ist Drogist. Oh, Mann! Deshalb kam er ihr so bekannt vor. Nicht von der Leinwand, sondern aus der Drogerie!

Der Mann im Kittel greift nach einem Lippenstift in rosa.

„Die Farbe würde Ihnen stehen“, sagt er.

Sieglinde nickt eifrig und kramt in ihrer Börse nach Geld.

„Nehm ich“, murmelt sie verlegen.

Sie möchte den Laden so schnell wie möglich verlassen. Ihr ist ganz heiß und sie merkt, wie ihr Schweißperlen von der Stirn laufen. Was soll der Mann nur von ihr denken?

Der Verkäufer geht schon vor zur Registrierkasse und fängt an, zu tippen. Er schlägt den Lippenstift in Packpapier ein und reicht ihn Sieglinde. Während sie ihren Einkauf hastig in der Tasche verstaut, schaut sie angestrengt nach unten. Sieglinde wendet sich schnell zur Tür. Beinahe hätte sie mit dem Arm einen Ständer mit Sonnenbrillen umgerissen.

Plötzlich ruft der fesche Verkäufer ihr ganz forsch nach: „Ich habe gleich Feierabend. Haben Sie Zeit? Darf ich Sie auf ein Eis einladen?“

Sieglindes Herz macht einen Hüpfer. Ihre Gedanken rasen. Dann hat sie sich entschieden: Sie wird Ja sagen! Denn der Mann gefällt ihr ausgesprochen gut. Auch wenn er kein Schauspieler ist.

Langsam dreht Sieglinde sich um.

Und wie sie die Verwechslung Angelika erklären soll, darüber wird sie sich dann nach dem Eisessen Gedanken machen.

## LASSEN SIE ERZÄHLEN

- *Mögen Sie Filme?*
- *Welcher ist Ihr Lieblingsfilm?*
- *Haben Sie früher für einen Schauspieler oder eine Schauspielerin geschwärmt?*
- *Haben Sie schon einmal eine berühmte Person getroffen?*
- *Haben Sie schon einmal jemanden verwechselt?*

## WAS SIE NOCH TUN KÖNNEN

Besorgen Sie sich Filmmusik aus den 1950er- und 1960er-Jahren. Spielen Sie die Lieder ab und lassen Sie Ihre Zuhörer*innen raten, zu welchem Film die Musik gehört. Lassen Sie sich anschließend die Inhalte der Filme erzählen.

# Die Lohntüte ist leer!

Heute ist Wolfgang Neubert wieder einmal ungenießbar. Wie an jedem letzten Tag des Monats. Denn am Monatsende ist Zahltag in der Papierfabrik Seifert. Und für die korrekte Auszahlung der Löhne ist Herr Neubert, der Chef der Lohnbuchhaltung, verantwortlich. Fräulein Helga Wenninger ist seine rechte Hand. Und sie kann glücklicherweise mit den Launen ihres Chefs umgehen.

„Wir wollen nicht gestört werden!", brüllt Herr Neubert aus der geöffneten Bürotür.

Dann knallt er sie zu, dass es nur so scheppert.

Wolfgang Neubert setzt sich an seinen Schreibtisch und zieht die Lohnliste zu sich.

„Fräulein Wenninger, wir haben 98 Lohnempfänger. Zählen Sie die Lohntüten nach", sagt er, ohne sich mit Höflichkeiten aufzuhalten.

Helga Wenninger leckt ihren Zeigefinger ab und blättert die beschrifteten, braunen Papiertüten durch.

„70, 75, 80 …", murmelt sie dabei. „98, Herr Neubert. Alles komplett."

„Gut, dann notieren Sie!", kommandiert der Chef und legt einen Finger auf die erste Zeile der Liste.

„Nachname Alberter. Vorname Martin. Für Mai 260 Mark. Plus Überstunden: Acht mal eine Mark und 30 Pfennig. Macht zehn Mark und 40 Pfennig", diktiert Neubert.

„Dann noch als Abzug Lohnsteuer, Kirchensteuer und Sozialversicherung. Haben Sie das?", schiebt er noch nach.

Helga Wenninger nickt, während sie alles notiert.

Herr Neubert und Fräulein Wenninger arbeiten schnell und konzentriert. Plötzlich klopft es an der Tür. Helga Wenninger sieht auf. Ihr Blick wandert hinüber zum Chef. Aber der ist nach wie vor tief über seine Liste gebeugt und reagiert nicht. Da öffnet sich langsam die Tür. Eine junge Frau steckt ihren Kopf herein.

„Entschuldigen Sie bitte. Ich wollte nur ...“, fängt sie an, zu reden.

Jetzt reißt Neubert seinen Kopf hoch und brüllt:

„Raus! Sofort!“

Die junge Frau zuckt erschrocken zusammen. Einen Augenblick später wird die Tür ganz leise geschlossen.

„Und wenn die Frau uns jetzt etwas Wichtiges mitteilen wollte?“, fragt Helga Wenninger vorsichtig bei ihrem Chef nach.

„Heute ist Zahltag. Da gibt es sonst nichts Wichtiges“, zischt Neubert.

Dann zählt er das Geld für die nächste Lohntüte ab.

Die Mittagspause muss heute ausfallen. Vorsorglich hat Fräulein Wenninger ein Butterbrot eingepackt, das sie nebenher isst. Erst am Nachmittag sind alle Lohntüten fertig beschriftet und das Geld ist abgezählt.

Helga Wenninger überprüft ein zweites Mal, ob alles seine Ordnung hat. Sie stutzt. Das gibt es doch nicht! Eine Lohntüte ist leer!

„Herr Neubert", sagt sie zaghaft.

„Was?", blafft der Chef sie an.

„In der Tüte von Wilma Müller ist kein Geld", meint sie und hält Neubert die leere Tüte hin.

„Das kann nicht sein. Sehen Sie richtig nach", fährt Wolfgang Neubert seine Assistentin an.

Er reißt ihr die Lohntüte aus der Hand ...

„Leer. Das gibt's doch nicht", murmelt er fassungslos.

Da klopft es plötzlich wieder an der Tür. Neubert lässt kein „Herein!" verlauten. Die Bürotür öffnet sich trotzdem. Es ist die junge Frau von vorhin.

„Ich war schon einmal hier. Ich wollte nur sagen, dass ich jetzt ...", beginnt sie, zu sprechen.

„Ich sagte doch: Raus! Hören Sie schlecht?", schreit Neubert.

Diesmal schnappt die junge Frau nach Luft. Doch dann schließt sie die Tür.

„Wir müssen noch einmal von vorne beginnen. Alles nachzählen!", knurrt Wolfgang Neubert und deutet mit dem Finger zu den fertig gefüllten Lohntüten.

Helga Wenninger seufzt. Dann macht sie sich an die Arbeit. Wolfgang Neubert geht Punkt für Punkt auf seiner Lohnliste durch. Und Helga Wenninger zählt alles akribisch nach und kontrolliert jede Beschriftung. Doch so sehr sie auch nach dem Fehler suchen, es bleibt dabei: Für die Lohntüte von Wilma Müller ist kein Geld da.

„Das ist ja noch nie vorgekommen“, murmelt Neubert.

„Was machen wir denn jetzt?“, fragt Fräulein Wenninger ihren Chef.

„Es hilft nichts. Wir müssen noch einmal alle Lohntüten durchgehen“, sagt Wolfgang Neubert und fährt sich mit der Hand übers Gesicht.

Da klopft es erneut.

„Was ist denn jetzt schon wieder?“, brüllt Neubert.

Sein Kopf ist rot angelaufen. Vorsorglich schiebt Helga Wenninger ihrem Chef ein Glas Wasser hin. Die Tür wird geöffnet. Wieder ist es die junge Frau, die etwas will. Diesmal betritt sie mit gestrafften Schultern das Lohnbüro.

„Ich habe geheiratet. Deshalb heiße ich jetzt Wilma Müller. Nicht mehr Wilma Schmidt. Das muss Sie doch interessieren“, sagt sie. Ihre Stimme zittert dabei leicht.

Wolfgang Neubert sieht die Frau mit großen Augen an und greift nach dem Wasserglas.

Währenddessen sucht Helga Wenninger schon eifrig alle Lohntüten durch.

„Hier liegt der Fehler. Wir haben eine Lohntüte für Wilma Müller und eine für Wilma Schmidt. Wir hatten Sie doppelt in der Liste“, sagte Helga Wenninger erleichtert und lächelt die junge Frau an.

„Mit so einer wichtigen Information müssen Sie sofort zu mir kommen“, rügt Neubert die junge Frau, die jetzt Müller heißt.

„Aber das wollte ich doch die ganze Zeit. Sie haben mich ja immer wieder rausgeschmissen“, sagt die junge Frau empört.

„Ja, dann müssen Sie eben hartnäckig sein. Schauen Sie nicht so verschreckt. Ich bin doch kein Ungeheuer“, meint Neubert und nickt der jungen Frau versöhnlich zu.

„Na, ich weiß nicht“, murmelt sie kaum verständlich.

Helga steht auf, fasst die junge Frau am Arm und begleitet sie vor die Tür.

„Sie sollten sich das, was Herr Neubert sagt, nicht so zu Herzen nehmen. Ein Ungeheuer ist er schon. Aber ein ziemlich zahmes“, flüstert sie der frisch verheirateten Frau Müller zu.

„Na, wenn das so ist …“, meint Frau Müller.

„Aber das Dressieren des Ungeheuers überlasse ich lieber Ihnen. Egal, ob zahm oder nicht“, fügt sie noch hinzu.

Helga Wenninger nickt und grinst.

Dann zwinkern sich die beiden Frauen verschwörerisch zu.

## LASSEN SIE ERZÄHLEN

- *Welchen Beruf haben Sie erlernt oder ausgeübt?*
- *Erinnern Sie sich noch an Ihre erste Lohntüte?*
- *Wie hoch war Ihr erster Stundenlohn?*
- *Wann war bei Ihnen früher Zahltag?*
- *Gab es bei Ihnen in der Arbeit auch ein „zahmes Ungeheuer"? Jemanden, der an bestimmten Tagen ungenießbar, aber sonst ganz in Ordnung war?*

## WAS SIE NOCH TUN KÖNNEN

Machen Sie mit den Teilnehmenden ein kleines Kopfrechen-Quiz. Besorgen Sie sich drei Würfel. Beginnen Sie mit dem Spiel. Alle Würfel werden gleichzeitig geworfen. Wer von den Teilnehmenden am schnellsten alle oben liegenden Würfelaugen addiert hat, ist als Nächstes an der Reihe und würfelt.

# SAUER MACHT LUSTIG!

Das darf doch wohl nicht wahr sein! Jetzt hat Ulrich endlich einmal Zeit, um auf dem Balkon in Ruhe Zeitung zu lesen. Und genau dann muss sein Nachbar den Rasen mähen. Das dröhnende Brummen bringt Ulrich beinahe um den Verstand! Er lässt die Zeitung sinken und geht ins Badezimmer. Hier hat seine Frau Josefine doch irgendwo Watte deponiert. Ulrich sucht im Regal und im Spiegelschrank. Da ist sie ja. Ulrich zupft sich etwas Watte ab und stopft sie in seine Ohren. Ah! Was für eine herrliche Ruhe. Jetzt kann er ungestört weiter Zeitung lesen.

Gerade ist Ulrich in den Sportteil vertieft. Da kommt seine Frau Josefine zu ihm auf den Balkon. Ulrich sieht kurz auf. Dann wendet er sich wieder seiner Lektüre zu. Wie aus weiter Ferne hört er, dass seine Frau etwas sagt.

„Zwei … Zitronen … oder Orangen?", sagt sie.

Oder jedenfalls so etwas in der Art. Ulrich interessiert sich viel mehr dafür, wie sein Fußballclub gespielt hat. Plötzlich tippt ihm jemand auf die Schulter. Ulrich hebt erschrocken den Kopf. Josefine steht vor ihm. Ihre Arme hat sie in die Seiten gestemmt. Auf ihrer Stirn sind zwei tiefe Falten zu erkennen. Schnell zieht Ulrich die Watte aus den Ohren.

„Hörst du mir überhaupt zu?", hört er die letzten Worte seiner Frau nun klar und deutlich.

„Aber natürlich! Was denkst du denn?", sagt er und lächelt Josefine an.

„Gut, dann weißt du ja Bescheid. Spätestens um fünf Uhr", sagt sie noch.

Dann ist sie auch schon verschwunden.

Was wollte seine Frau bloß von ihm? Bestimmt soll er etwas erledigen. Hatte Josefine nicht von Orangen und Zitronen gesprochen? Genau!

„Vielleicht soll ich zwei Kilo Orangen und zwei Kilo Zitronen kaufen? Bis fünf Uhr?“, überlegt Ulrich laut.

Das wird es gewesen sein. Ulrich faltet die Zeitung zusammen. Er geht nach drinnen in den Flur, nimmt eine Einkaufstasche und holt sein Portemonnaie aus der Kommode. Dann macht er sich auf den Weg zum Markt. Immerhin will er seine Frau nicht verärgern. Wenn er mit der Besorgung fertig ist, kann er ja weiter Zeitung lesen.

Auf dem Weg zum Stand von „Obst-Meier“ pfeift Ulrich ein fröhliches Lied. Auf dem Markt wird er freundlich von der dicken Marktfrau begrüßt.

„Was darf es denn heute sein?“, will sie wissen.

„Zwei Kilo Orangen und zwei Kilo Zitronen“, bestellt Ulrich.

Frau Meier sieht ihn zweifelnd an.

„Sind Sie sicher?“, fragt sie nach.

„Das hat meine Frau bestellt. Und das soll sie auch bekommen“, sagt er und nickt der Marktfrau zu.

Wieder zu Hause angekommen, stellt Ulrich die Tasche mit den Früchten auf den Küchentisch. Er holt zwei Schüsseln aus dem Schrank. In die eine legt er die Orangen und in die andere die Zitronen. Da kommt seine Frau Josefine herein. Sie stellt sich neben Ulrich und stutzt.

„Was machst du denn da?“, will sie wissen.

Ulrich grinst breit.

„Ich habe die Besorgung für dich gemacht“, sagt er und deutet zu den Früchten.

„Welche Besorgung?“, fragt Josefine entgeistert.

„Du hast doch gesagt, ich soll Zitronen und Orangen kaufen“, meint Ulrich.

Sein Grinsen ist verschwunden. Plötzlich ist er sich nicht mehr ganz sicher, ob er wirklich alles richtig verstanden hat.

Josefine greift sich an den Kopf und rauft sich die Haare.

„Ich habe doch gar nicht gesagt, dass du Zitronen und Orangen kaufen sollst!“, ruft sie.

„Aber ... du hast doch von Zitronen und Orangen gesprochen“, murmelt Ulrich zögernd.

„Ich habe dich gefragt, was ich heute zum Grillfest bei den Nachbarn anziehen soll. Wir sind doch dort um fünf Uhr eingeladen. Und ich kann mich nicht zwischen meinen zwei Sommerkleidern entscheiden. Ich habe dich gefragt, ob ich das zitronengelbe oder das mit den Orangen nehmen soll“, klärt Josefine ihren Mann auf.

„Ach so. Da muss ich wohl etwas missverstanden haben“, meint Ulrich kleinlaut.

„Weil du nie richtig zuhörst“, zetert Josefine.

Dann nimmt Ulrichs Frau die beiden Schüsseln voller Zitrusfrüchte ins Visier.

„Um Himmels willen! Wie viel hast du denn da eingekauft?“, will sie wissen.

„Na, jeweils zwei Kilo. So, wie du gesagt hast … Ich meine, so wie ich es verstanden habe“, gibt Ulrich zu.

Josefine legt den Kopf in den Nacken und atmet tief ein und aus.

„Zwei Kilo? Von jeder Sorte? Was sollen wir denn jetzt mit so vielen Früchten machen?“, fragt sie und sieht ihren Mann streng an.

Ulrich kratzt sich am Kopf. Dann hellt sich seine Miene auf.

„Ich habe da vorhin in der Zeitung ein Rezept für Limonade gesehen. Wir machen einfach zwei Kannen davon. Einmal Zitrone und einmal Orange. Und die bringen wir mit zum Grillfest. Dann können alle Gäste davon etwas abhaben. Da tragen wir auch gleich zu guter Stimmung bei. Immerhin heißt es ja: Sauer macht lustig!", verkündet er stolz.

Kurz zögert Josefine noch. Doch dann muss sie doch grinsen.

„Du bist mir einer", meint sie lachend.

„Ja, ich bin nämlich deiner", kichert Ulrich.

Er nimmt seine Frau in den Arm.

„Und ich finde, es ist ganz egal, welches Sommerkleid du heute anziehst. Du siehst in jedem Kleid wunderschön aus", fügt er schmeichelnd hinzu.

Josefine gibt ihm einen sanften Knuff in die Seite.

„Du alter Charmeur. Aber das Limonademachen übernimmst du. Schließlich hast du uns das auch eingebrockt", meint sie.

„Natürlich. Ich mache doch immer, was du mir aufträgst", sagt Ulrich und schielt zu den Schüsseln mit den Zitronen und Orangen.

# Lassen Sie erzählen

- *Haben Sie schon einmal nicht richtig zugehört und damit ein Missverständnis verursacht?*
- *Mögen Sie Orangen und Zitronen? Wozu lassen sie sich verwenden?*
- *Was ist Ihr Lieblingsobst?*

# Was Sie noch tun können

Genießen Sie mit Ihren Teilnehmenden selbst gemachte Zitronenlimonade:
Für ca. 1,5 l brauchen Sie 3–4 Zitronen (am besten Bio), 100 ml Wasser und 70 g Zucker. Geben Sie den Abrieb der Zitronenschalen, den Saft der Zitronen und den Zucker mit dem Wasser in einen Topf. Lassen Sie alles so lange einköcheln, bis ein Sirup entstanden ist. Den abgekühlten Sirup gießen Sie anschließend mit 1 l spritzigem Mineralwasser auf. Fertig ist die Limonade!

# PAULA WILL DOCH PÜNKTLICH SEIN!

Paula wird heute Patentante. Ihre kleine Nichte Marianne soll getauft werden. Paula freut sich schon sehr darauf. Und als Patin will sie natürlich auch einen guten Eindruck hinterlassen. Für die Taufe hat Paula ihr neues, blaues Kleid angezogen. Sie steht im Schlafzimmer vor dem Spiegel und wirft einen prüfenden Blick hinein. Paula streicht sich über die Hüften. Das Kleid steht ihr gut. Paula zupft ein paar Haarsträhnen zurecht. Die Frisur sitzt perfekt. Es kann also losgehen. Paula holt noch das geblümte Halstuch aus der Kommode. Dann geht sie zur Treppe. Dort beugt sie sich über das Geländer.

„Georg, beeil dich. Die Taufe beginnt in einer Stunde. Wir sollten langsam losfahren!“, ruft Paula nach unten.

„Wenn es nach mir ginge, hätten wir schon vor einer halben Stunde fahren können“, ruft Georg zurück.

Paula rollt mit den Augen. Dann kommt sie die Treppe nach unten.

Georg ist schon auf dem Weg zur Garage.

„Moment. Ich schau nur noch nach, ob der Herd aus ist“, ruft Paula aus der Haustür.

Gut, dann wird Georg schon mal die Borgward Isabella vors Haus fahren. Eine Minute später steht das Auto mit laufendem Motor neben dem Bürgersteig und Georg drückt auf die Hupe.

„Ich bin ja schon da!“, ruft Paula und kommt aus dem Haus gelaufen.

Sie lässt sich auf den Beifahrersitz fallen. Georg legt den Gang ein.

„Moment. Haben wir alles?“, fragt Paula und wirft einen Blick in ihre Handtasche.

Georg trommelt auf das Lenkrad, während er seiner Frau einen ungeduldigen Blick zuwirft.

Paula holt das Päckchen mit dem Taufgeschenk aus der Tasche.

„Das Goldkettchen mit dem Kreuz ist da. Ich denke, wir können fahren", sagt Paula und lehnt sich in den Sitz zurück.

Kaum biegt Georg in die nächste Querstraße ein, stößt Paula einen spitzen Schrei aus.

„Der Umschlag mit der Glückwunschkarte und dem Geld!", stöhnt sie. „Der liegt noch auf dem Küchentisch."

Georg bremst ab und nimmt einen tiefen Atemzug. Dann wendet er den Borgward und fährt zum Haus zurück. Das Auto ist noch gar nicht richtig zum Stehen gekommen, da reißt Paula auch schon die Tür auf. Sie rennt zur Haustür. Dort wühlt sie eine geschlagene Minute in ihrer Handtasche, ehe sie den Hausschlüssel findet. Paula dreht sich zum Auto und wedelt mit dem Schlüsselbund in der Luft.

„Hab ihn. Ich komme gleich", ruft sie ihrem Mann zu.

Dann sperrt sie endlich die Tür auf und verschwindet im Haus.

Bis Paula wiederkommt, dauert es dann doch etwas länger.

„Ich musste noch mal dringend auf die Toilette. Das passiert mir immer, wenn ich so nervös bin“, meint sie entschuldigend, als sie sich wieder zu Georg ins Auto setzt.

„Gut, dass ich gestern schon getankt habe. Nicht auszudenken, wenn wir jetzt noch einen Umweg zur Tankstelle fahren müssten“, brummt Georg.

„Bist du dir sicher, dass du jetzt alles hast?“, fragt er noch nach.

Paula nickt zögernd.

„Ich denke schon“, sagt sie und drückt verlegen ihre Handtasche an die Brust.

„Wir sind viel zu spät dran. Den Anfang der Taufe werden wir nicht schaffen“, murmelt Georg missmutig.

Dann fahren sie erneut los.

Georg parkt den Borgward am Straßenrand neben der Kirche. Der Kirchenvorplatz ist leer.

„Die sind alle schon drin“, stellt Georg überflüssigerweise fest.

„Bestimmt haben sie schon angefangen“, stöhnt Paula.

„Na, vielleicht warten sie ja doch. Immerhin fehlt die Taufpatin", meint Georg und tätschelt seiner Frau das Knie.

„Gehen wir rein", murmelt Paula, strafft ihre Schultern und steigt aus.

Georg schließt noch schnell das Auto ab. Dann folgt er Paula zur Kirche. Er schiebt sich an seiner Frau vorbei und zieht das schwere Holzportal auf. Paula macht einen Schritt über die Kirchenschwelle. Dann stutzt sie und lauscht.

„Man hört ja gar nichts", flüstert sie ihrem Mann zu.

„Sind wir jetzt auch noch in der falschen Kirche?", überlegt Georg.

Nein, sie sind schon richtig. Als Paula und Georg ein paar weitere Schritte machen, sehen sie die Taufgesellschaft im Seitenschiff vor dem Taufbecken stehen. Berta, Paulas Schwester, nickt ihnen zu. Paula und Georg kommen näher.

„Da seid ihr ja", sagt Berta.

Sie trägt das Baby Marianne in weißem Taufkleid auf ihrem Arm.

„Ist die Taufe schon vorbei?", fragt Paula und ihre Stimme klingt dünn.

„Was? Nein! Aber langsam wird es wirklich Zeit", meint Berta und reckt ihren Kopf.

„Ja, entschuldige bitte. Wir hatten …", unterbricht Paula ihre Schwester.

Aber die interessiert sich gar nicht für Paulas Erklärung.

„Der Pfarrer ist wirklich schrecklich unpünktlich. Er war zwar da, als wir ankamen. Aber dann ist ihm eingefallen, dass er etwas vergessen hat. Und jetzt ist er schon seit einer halben Stunde verschwunden", lamentiert Berta.

Dass Paula und Georg auch zu spät sind, scheint sie gar nicht zu kümmern.

Da öffnet sich scharrend die Kirchentür.

„Liebe Taufgesellschaft, ich bin jetzt da. Fangen wir an", tönt der tiefe Bass des Pfarrers durch die Kirche.

Paula nimmt Berta das Baby an. Sie grinst Georg an.

„Da siehst du mal. Es gibt mehr Menschen, die unpünktlich sind. Und immerhin waren wir pünktlicher als der Pfarrer", raunt sie ihm zu.

„Ich würde eher sagen: Das war dann wohl Gottes Wille, dass du als Patin mit von der Partie bist", flüstert Georg zurück und grinst seine Frau an.

## LASSEN SIE ERZÄHLEN

- *Ist Ihnen Pünktlichkeit wichtig?*
- *Sind Sie schon einmal zu einem wichtigen Termin zu spät gekommen?*
- *An welches religiöse Familienfest erinnern Sie sich gerne?*
- *Sind Sie auch Patenonkel oder Patentante?*
- *Welches Auto hatten Sie früher?*

## WAS SIE NOCH TUN KÖNNEN

Bieten Sie eine kleine Mitmachgeschichte „Autofahrt“ an. Die Teilnehmenden nehmen ihre Hände nach vorn und halten sich an einem imaginären Lenkrad fest. Dann erzählen Sie: „Wir drehen den Zündschlüssel um und starten das Auto. Dann legen wir den Gang ein. Beim Anfahren ruckelt das Auto etwas. Doch nun geben wir Gas und nehmen Fahrt auf. Wir lehnen uns zurück in den Sitz. Achtung, eine Rechtskurve. Bremsen! Die Ampel ist rot. Eine Bekannte geht am Auto vorbei. Wir winken ihr zu …“ Die Teilnehmenden begleiten die Handlung mit Gesten.

# ELFRIEDE UND ANTON SIND WIE TOPF UND DECKEL

Elfriede verabschiedet sich mit einem Kuss von ihrem Mann Anton.

„Komm heute bitte pünktlich. Ich mache Kartoffelpuffer. Die magst du doch so gern“, gibt sie ihm noch mit auf den Weg.

Anton strahlt, winkt zum Abschied und geht dann in die Arbeit. Jetzt muss Elfriede sich erst einmal um den Haushalt kümmern. Während sie die Teppiche ausklopft, lässt sie ihre Gedanken schweifen. Wie viel Glück sie mit ihrem Anton hat! Gut, es gab noch feschere Männer, die sich für sie interessiert hätten. Aber Anton ist etwas Besonderes. Elfriede ist überzeugt: Mit Anton hat sie ihr Lebensglück gefunden.

Später geht Elfriede zum Einkaufen. Auf dem Weg zum Krämerladen studiert sie noch einmal ihren Einkaufszettel: Mehl, Kartoffeln, Salz und Butterschmalz. Elfriede ist so vertieft, dass sie den losen Pflasterstein auf dem Gehweg zu spät bemerkt. Elfriede stolpert. Im letzten Moment findet sie wieder ihr Gleichgewicht.

„Na, so was. Da muss ich gleich noch einmal über die Stelle gehen. Sonst habe ich heute den ganzen Tag Pech", murmelt Elfriede.

Sie geht ein Stück zurück und setzt vorsichtig Fuß vor Fuß. Ein paar Meter weiter springt eine schwarze Katze aus dem Gebüsch und huscht vor Elfriede über das Trottoir. Leider von links! Oh, nein! Elfriedes Herzschlag beschleunigt sich.

„Schwarze Katze von links bringt Unglück", murmelt sie erschrocken.

Mit zittrigen Knien setzt sie ihren Weg fort.

Im Krämerladen wird Elfriede freundlich von Frau Elbhorn begrüßt.

„Was für ein schöner Tag heute“, meint sie.

„Na, hoffentlich bleibt der Tag schön“, murmelt Elfriede und klopft mit den Fingerknöcheln auf den hölzernen Tresen.

„Ja, auf Holz klopfen schadet nicht“, lacht Frau Elbhorn.

Elfriede ist immer noch aufgeregt. Sie nickt zerstreut.

„Glück und Glas, wie leicht … bricht das“, flüstert sie. Elfriede bringt ihren Einkauf schnell hinter sich und nimmt sich heute keine Zeit für ein Schwätzchen. Sie möchte lieber nichts riskieren. Beim Bezahlen stellt sie fest, dass ihr Glückspfennig wie gewohnt im Portemonnaie ist. Das beruhigt sie ein bisschen. Kaum hat Elfriede das Wechselgeld eingesteckt, verlässt sie auch schon mit langen Schritten den Laden.

„Die ist heute aber komisch“, hört sie noch das Murmeln von Frau Elbhorn.

Dann steht Elfriede auch schon vor der Ladentür und eilt nach Hause.

Elfriede betritt mit vollem Einkaufsnetz das Haus. Neben der Tür hängt ein Hufeisen. Elfriede rückt es mit der freien Hand zurecht. Natürlich hängt es mit der Öffnung nach oben. Sonst würde ja das Glück herausfallen. Und das will Elfriede auf keinen Fall. Bisher läuft alles glatt. Es ist noch kein Unglück passiert. Aber Elfriede weiß: „Man soll den Tag nicht vor dem … Abend loben!“

Dann geht sie in die Küche und packt alle Einkäufe aus. Und da merkt sie, wie recht sie hatte. Elfriede hat das Salz vergessen! Obwohl es auf dem Zettel stand. Elfriede seufzt. Sie könnte jetzt bei der Nachbarin klingeln und sich etwas Salz borgen. Doch das wird Elfriede auf keinen Fall tun. Denn Salz borgen bringt Pech! Also muss sie noch einmal zum Krämerladen. Elfriede lässt die Schultern hängen. Sie hat es ja gewusst: An allem ist nur die schwarze Katze von links schuld!

Beim zweiten Weg zum Krämerladen passt Elfriede an der Stolperstelle besonders gut auf. Und um die Baustelle beim Schlosser macht sie einen weiten Bogen. Denn dort lehnt eine Leiter an der Hauswand.

„Ich werde bestimmt nicht mein Schicksal herausfordern und unter der Leiter durchgehen“, sagt sie und wechselt die Straßenseite. Erschrocken fährt sie zusammen, als der alte Schlosser sie grüßt.

„Hallo, Elfriede. Geht's gut? Morgen sind die Bauarbeiten fertig. Viel schneller als gedacht", ruft er ihr zu.

Elfriede hebt kurz die Hand und murmelt: „Den Seinen gibt's der Herr … im Schlaf."

Endlich hat Elfriede alles beisammen und steht wieder zu Hause in ihrer Küche. Jetzt wird es aber Zeit, mit dem Kochen anzufangen. Mit flinken Händen reibt sie die Kartoffeln. Dabei muss sie immer wieder an die schwarze Katze denken. Darum ist sie heute beim Hantieren mit der Reibe besonders vorsichtig. Nicht, dass ihr noch ein Missgeschick passiert. Die Zubereitung des Essens dauert deshalb auch ein bisschen länger.

„In der Ruhe liegt die … Kraft", sagt Elfriede zu sich selbst.

Es duftet verführerisch, als Anton nach Hause kommt. „Ich geh mich noch umziehen!", ruft er aus dem Flur.

„Nein!", schreit Elfriede.

Eilig kommt sie aus der Küche. Im Gehen wischt sie sich die Hände an der Schürze ab.

„Wieso denn nicht?", fragt Anton überrascht.

„Ich brauche dich erst noch in deiner Berufskleidung“, erklärt Elfriede und stellt sich ihrem Mann gegenüber.

Anton sieht seine Frau irritiert an. Da streckt Elfriede ihre Hand aus und streicht Anton übers Gesicht.

„So. Das wird helfen“, sagt sie und betrachtet den Ruß an ihren Fingern.

Anton geht ein Licht auf.

„Du brauchst ein bisschen Glück, hab ich recht?“, grinst er.

Elfriede nickt.

„Ich hab ja aus gutem Grund einen Schornsteinfeger geheiratet“, sagt sie ernst.

„Ah, so ist das also. Du hast mich nur wegen meines Berufs genommen“, lacht Anton und zieht seine Frau an sich.

Jetzt sind nicht nur Elfriedes Finger schwarz. Aber das ist ihr egal.

„Ja, jeder ist seines Glückes ... Schmied“, lacht sie.

Eine Viertelstunde später sitzen die beiden frisch gewaschen am Esstisch und lassen sich die Kartoffelpuffer schmecken. Da nimmt Anton den Faden noch einmal auf.

„Ich hab dich übrigens auch nicht grundlos geheiratet, mein lieber, abergläubischer Schatz“, sagt er zwischen zwei Bissen.

„Du hast mich geheiratet, weil du mich liebst“, sagt Elfriede überzeugt.

„Ja, schon. Aber auch, weil du die besten Kartoffelpuffer der Welt machst“, sagt Anton und lacht.

Elfriede sieht ihren Mann liebevoll an. Es war die richtige Entscheidung, einen Schornsteinfeger zum Mann zu nehmen! Sie legt ihre Hand auf Antons Arm.

„Wir passen eben zusammen, wie …“

Eigentlich wollte sie sagen: „Wie Topf … und Deckel“.

Aber Anton unterbricht sie.

„Wie abergläubische Frauenzimmer und Schornsteinfeger eben“, sagt er.

Da müssen beide lachen.

# LASSEN SIE ERZÄHLEN

- *Sind Sie abergläubisch?*
- *Wissen Sie, was Glück oder Pech bringen soll?*
- *Haben Sie einen Glücksbringer?*
- *Welche Sprichwörter oder Redewendungen zu Glück oder Schicksal kennen Sie?*
- *Mögen Sie Kartoffelpuffer?*

# WAS SIE NOCH TUN KÖNNEN

Zu Kartoffelpuffer passt Apfelmus! Bereiten Sie mit den Senior*innen ein solches gemeinsam zu. Besorgen Sie dafür 1 kg Äpfel, 1 EL Zucker, 0,2 l Apfelsaft, etwas Zitronensaft und eine Prise Zimt. Außerdem benötigen Sie Messer und Schneidebrettchen, einen Topf und einen Kartoffelstampfer. Erst werden die Äpfel geviertelt und geschält und die Kernhäuser werden entfernt. Apfelsaft und Apfelspalten werden mit dem Zucker in einen Topf gegeben. Lassen Sie alles leicht köcheln, bis die Äpfel weich sind. Dann werden die Äpfel mit einem Kartoffelstampfer zu Mus verarbeitet. Am Ende können Sie das Apfelmus noch mit Zitronensaft und Zimt abschmecken. Guten Appetit!

# WOLFGANG ERLEBT SEIN BLAUES WUNDER

Mitten im Hochsommer ist auf dem Schoberhof viel zu tun. Bauer Erwin und seine Frau Mathilda sind von Sonnenaufgang bis spätabends beschäftigt. Auch Sohn Wolfgang packt mit an. Er kehrt den Hof und füttert die Hühner. Er hilft beim Heueinbringen, damit genug Futter für die Tiere da ist. Er arbeitet mit, wenn das Stroh auf den Hof gebracht wird. Der Schoberbauer Erwin findet, dass sich sein Zehnjähriger gut macht.

Und auf dem Hof wird schließlich gerade zur Erntezeit jede helfende Hand gebraucht. Nur das Nesthäkchen Monika hat noch keine Aufgabe. Sie ist ja erst drei Jahre alt.

Die Bäuerin Mathilda hat im Haus genug zu tun. Sie kocht die reifen Früchte ein und legt Vorräte für die Wintermonate an. Heute, ganz früh am Morgen, war sie im Wald und hat Heidelbeeren gepflückt. Davon soll es zu Mittag einen Hefekuchen geben. Doch die Hausarbeit muss warten, als Erwin die Mithilfe seiner Frau braucht. Er steht am gekippten Küchenfenster und klopft an die Scheibe.

„Kannst du die Strohballen für mich stapeln? Ich muss dringend noch einmal raus auf den Acker“, ruft Erwin Mathilda zu.

„Kann ich das nicht übernehmen?“, schlägt Wolfgang vor.

Aber seine Mutter winkt ab.

„Du passt in der Zwischenzeit auf Monika auf“, bestimmt sie.

Wolfgang sieht missmutig unter den Tisch. Dort sitzt seine kleine Schwester und spielt mit ihrer Puppe.

Mathilda stellt die Schüssel mit den Beeren in die Speisekammer. Dann bindet sie sich ein Kopftuch um und geht in den Hof hinaus.

Wolfgang zieht einen Flunsch. Kinderhüten mag er gar nicht! Er reckt sich und sieht aus dem Küchenfenster. Er beobachtet, wie der Vater mit dem Traktor vom Hof fährt und Mutter in der Scheune verschwindet. Wolfgang geht in die Hocke und beugt sich zu seiner Schwester.

„Du kannst ja alleine weiterspielen. Ich geh jetzt in den Schuppen zum Schnitzen", sagt er zu Monika.

Die kleine Schwester sieht kurz auf. Dann kümmert sie sich wieder um ihre Puppe. Zufrieden tastet Wolfgang in der Hosentasche nach seinem Schnitzmesser. Er schließt die Küchentür hinter sich und schleicht hinaus.

Wolfgang ist ganz in seine Schnitzarbeit versunken. Er merkt gar nicht, wie die Zeit vergeht. Als er plötzlich seinen Namen hört, fährt er erschrocken zusammen.

„Wolfgang? Wo bist du denn?", hört er seine Mutter rufen.

Wolfgang legt das Messer beiseite und späht aus dem Schuppen. Seine Mutter steht an der Haustür. Sie lässt ihren Blick über den Hof wandern. Wolfgang überlegt kurz. Dann klemmt er sich drei Holzscheite unter den Arm und tritt aus dem Schuppen.

„Hier bin ich Mutti. Ich hab nur schnell Holz für den Ofen geholt“, ruft er seiner Mutter zu.

Mathilda hat ihre Hände in die Hüften gestemmt.

„Du solltest doch auf Monika aufpassen“, sagt sie, als Wolfgang sich an ihr vorbei ins Haus schiebt.

„Hab ich doch“, schwindelt Wolfgang kleinlaut.

Mathilda folgt ihrem Sohn ins Haus.

„Und wo, bitte schön, ist Monika? Ich kann sie nirgendwo finden“, sagt sie streng.

Wolfgang wird unruhig.

„Ich suche sie“, verspricht er.

Er rennt durchs ganze Haus. Der Platz unter dem Tisch in der Küche ist leer. In der guten Stube ist sie nicht. Im Schlafzimmer der Eltern auch nicht. Wolfgang sucht jeden Winkel ab. Aber weder in der Holztruhe im Flur noch hinter dem Schrank ist sie zu sehen. Wolfgang ist mittlerweile ganz käsig im Gesicht. Ihm fällt ein, dass es nur noch einen Raum gibt, in dem er nicht nachgesehen hat: die Speisekammer!

Wolfgang öffnet zaghaft die Tür. Mit klopfendem Herzen späht er in den Raum. Auf den ersten Blick kann er Monika nirgendwo erkennen. Doch dann hört er ein Schmatzen. Es kommt aus der Ecke unter dem Regal. Wolfgang geht näher heran. Und tatsächlich! Die kleine Monika sitzt auf dem Boden und balanciert eine Schüssel auf ihren Beinen. Aber was ist das?

Wolfgang stößt einen Schrei aus.

„Mutti, komm schnell! Monika ist verletzt!", brüllt er.

Monika sieht ihren Bruder aus großen Augen an. Dann fängt sie zu weinen an.

„Um Gottes willen!", ruft Mathilda und stürzt in die Speisekammer.

„Schau! Monikas Gesicht ist ganz blau", stammelt Wolfgang und deutet auf seine heulende Schwester.

Mathilda geht vor Monika in die Knie. Dann greift sie in ihre Schürzentasche und zieht ein Stofftuch heraus. Sie spuckt auf das Tuch und beginnt, im Gesicht von Monika herumzureiben.

„Monika ist nicht verletzt", sagt Mathilda.

Wolfgang glaubt, dass seine Mutter ein Lachen unterdrückt. Verwirrt legt er seinen Kopf schief.

„Aber warum hat sie dann lauter blaue Flecken im Gesicht?", fragt Wolfgang zaghaft.

„Deine Schwester hat die ganze Schüssel Heidelbeeren aufgegessen. Deshalb ist sie so blau im Gesicht", klärt Mathilda ihren Sohn auf.

Erleichtert atmet Wolfgang auf.

Dann verschwindet das leichte Grinsen auf dem Gesicht der Mutter.

„Du hast also nicht auf sie aufgepasst!", rügt Mathilda ihren Sohn.

„Und die Heidelbeeren sind auch weg. Was, bitte schön, soll ich jetzt zum Essen machen?", fragt sie ärgerlich.

Wolfgang schnappt sich die leere Schüssel.

„Ich geh und sammle neue Beeren. Ich bin auch ganz schnell. Versprochen!", sagt er hastig.

Dann flitzt er auch schon los. Bis er wieder zurück ist, ist der Ärger der Mutter bestimmt längst verflogen. Außerdem mag es Wolfgang, alleine im Wand herumzustromern. Viel mehr als Kinderhüten auf alle Fälle!

## LASSEN SIE ERZÄHLEN

- *Haben Sie Ihre Kindheit auf dem Land oder in der Stadt verbracht?*
- *Mussten Sie früher auch auf Ihre Geschwister aufpassen?*
- *Mussten Sie als Kind zu Hause mithelfen?*
- *Haben Sie schon einmal bei der Ernte geholfen?*

## WAS SIE NOCH TUN KÖNNEN

Bieten Sie Ihren Teilnehmenden selbst gemachte Bauernhof-Puzzles an. Drucken Sie dafür Fotos mit Bauernhofmotiven (Traktor, Heuballen, Kornfeld, Kühe usw.) großformatig (15 x 20 cm) aus. Kleben Sie die Fotos auf leichten Karton. Dann zerschneiden Sie sie entweder in Streifen (einfache Variante) oder in beliebig geformte Teile (schwierigere Variante).

# Bildnachweis

S. 7, 14: *Stiefel* © Lyuba Alex – Shutterstock.com
S. 15, 21: *Rosen* © Rannev – Shutterstock.com
S. 22, 29: *Geschenke* © NDanko – Shutterstock.com
S. 30, 37: *Hausschlüssel* © 5 second Studio – Shutterstock.com
S. 38, 44: *Hammer und Nägel* © cherezoff – Shutterstock.com
S. 45, 52: *Weizen* © panna-yulka – Shutterstock.com
S. 53, 59: *Alpenveilchen* © Proshkin Aleksandr – Shutterstock.com
S. 60, 67: *Kalter Hund* © stockcreations – Shutterstock.com
S. 68, 75: *Block mit Stift* © Bennyartist – Shutterstock.com
S. 76, 82: *Dackel* © Masarik – Shutterstock.com
S. 83, 90: *Eis* © Wirestock Images – Shutterstock.com
S. 91, 98: *Geldmünzen* © Montri Thipsorn – Shutterstock.com
S. 99, 105: *Zitrusfrüchte* © unpict – Shutterstock.com
S. 106, 112: *Babyschuhe* © Katerina Morozova – Shutterstock.com
S. 113, 120: *Hufeisen* © Africa Studio – Shutterstock.com
S. 121, 127: *Blaubeeren* © matka_Wariatka – Shutterstock.com

# Produktempfehlung

Petra Bartoli y Eckert

*5-Minuten-Schmunzelgeschichten für Senior*innen*

## Scherben bringen Glück!

... und weitere humoristische Anekdoten zum Vorlesen, Lachen und Plaudern

ISBN 978-3-8346-4391-9